starkeSeiten
Berufsorientierung 2

von
Heike Hofmann
Meinolf Padberg
Helgard Woltereck

Ernst Klett Verlag
Stuttgart · Leipzig

Bildquellennachweis

U1 Klett-Archiv (Thomas Weccard), Stuttgart; 5.2 iStockphoto (Chris Schmidt), Calgary, Alberta; 13.1 Fotolia LLC (photogl), New York; 13.2 shutterstock (Benis Arapovic), New York, NY; 13.3 Corbis (Russell Underwood), Düsseldorf; 13.4 Picture-Alliance (Waltraud Grubitzsch), Frankfurt; 18.1 Fotolia LLC (imageteam), New York; 21.1; 21.2; 21.3 Logo, Stuttgart; 23.2 shutterstock (Yuri Arcurs), New York, NY; 37.1 iStockphoto (Julien Grondin), Calgary, Alberta; 45.2 shutterstock (Michael Jung), New York, NY; 49.1 Bundesagentur für Arbeit, Nürnberg; 49.2 Bundesagentur für Arbeit (Bundesagentur für Arbeit), Nürnberg; 49.3 Logo, Stuttgart; 53.2 Picture-Alliance (Wolfgang Thieme), Frankfurt; 56.1 shutterstock (Patrizia Tilly), New York, NY; 56.2 Thinkstock (istockphoto), München; 56.3 iStockphoto (Izabela Habur), Calgary, Alberta; 56.4 Imageshop, Düsseldorf; 57.1 shutterstock (Sergey Kamshylin), New York, NY; 57.2 iStockphoto (huseyin turgut erkisi), Calgary, Alberta; 57.3 Fotolia LLC (Guillaume Duris), New York; 58.1 shutterstock (Patrizia Tilly), New York, NY; 60.1 Imageshop, Düsseldorf; 62.1 Thinkstock (istockphoto), München; 64.1 shutterstock (Sergey Kamshylin), New York, NY; 65.1 iStockphoto (Roman Milert), Calgary, Alberta; 65.2 shutterstock (Feng Yu), New York, NY; 65.3 shutterstock (Jkitan), New York, NY; 66.1 iStockphoto (Izabela Habur), Calgary, Alberta; 66.2 Klett-Archiv (Christina Braml), Stuttgart; 68.1 iStockphoto (huseyin turgut erkisi), Calgary, Alberta; 70.1 Fotolia LLC (Guillaume Duris), New York; 77.2 Thinkstock (Comstock), München; 78.1 Bundesagentur für Arbeit, Nürnberg; 85.1 shutterstock (Auremar), New York, NY; 91.2 Fotolia LLC (Zigrit), New York; 92.1 Klett-Archiv, Stuttgart; 92.2 Fotolia LLC (Monkey Business), New York; 92.3 Klett-Archiv (Weccard), Stuttgart; 97.1 Fotolia LLC (Monkey Business), New York; 98.1 iStockphoto, Calgary, Alberta; 100.1 iStockphoto (Nikki Lowry), Calgary, Alberta; 111.1 Fotolia LLC (contrastwerkstatt), New York; 111.2 Picture-Alliance (Jens Büttner), Frankfurt; 112.1 iStockphoto (Claudia Dewald), Calgary, Alberta; 113.1 Logo, Stuttgart; 116.1 Deutscher Industrie- und Handelskammertag e.V., Berlin; 121.1 Klett-Archiv (Katja Buß), Stuttgart; 123.1 Klett-Archiv (Katja Buß), Stuttgart; 124.1 shutterstock (Andrew Lever), New York, NY; 124.2 Avenue Images GmbH (StockDisc), Hamburg; 124.3 Fotolia LLC (Monkey Business), New York; 124.4 Fotosearch Stock Photography (Brand X Pictures), Waukesha, WI

Sollte es in einem Einzelfall nicht gelungen sein, den korrekten Rechteinhaber ausfindig zu machen, so werden berechtigte Ansprüche selbstverständlich im Rahmen der üblichen Regelungen abgegolten.

1. Auflage　　　　　　　　　　1 17 16 15 14 13 | 23 22 21 20 19

Alle Drucke dieser Auflage sind unverändert und können im Unterricht nebeneinander verwendet werden.
Die letzte Zahl bezeichnet das Jahr des Druckes.

Das Werk und seine Teile sind urheberrechtlich geschützt. Jede Nutzung in anderen als den gesetzlich zugelassenen Fällen bedarf der vorherigen schriftlichen Einwilligung des Verlages. Hinweis § 52 a UrhG: Weder das Werk noch seine Teile dürfen ohne eine solche Einwilligung eingescannt und in ein Netzwerk eingestellt werden. Dies gilt auch für Intranets von Schulen und sonstigen Bildungseinrichtungen. Fotomechanische oder andere Wiedergabeverfahren nur mit Genehmigung des Verlages.

Auf verschiedenen Seiten dieses Heftes befinden sich Verweise (Links) auf Internet-Adressen. Haftungshinweis: Trotz sorgfältiger inhaltlicher Kontrolle wird die Haftung für die Inhalte der externen Seiten ausgeschlossen. Für den Inhalt dieser externen Seiten sind ausschließlich die Betreiber verantwortlich. Sollten Sie daher auf kostenpflichtige, illegale oder anstößige Inhalte treffen, so bedauern wir dies ausdrücklich und bitten Sie, uns umgehend per E-Mail davon in Kenntnis zu setzen, damit beim Nachdruck der Verweis gelöscht wird.

© Ernst Klett Verlag GmbH, Stuttgart 2011. Alle Rechte vorbehalten. www.klett.de

Autorinnen und Autoren: Heike Hofmann, Niersbach; Meinolf Padberg, Arnsberg; Helgard Woltereck, Stuttgart
Beratung: Dr. Lena Behmenburg, BDA | Bundesvereinigung der Deutschen Arbeitgeberverbände; Berit Heintz, DIHK – Deutscher Industrie- und Handelkammertag e.V.; Hendrik Voß, Zentralverband des Deutschen Handwerks (ZDH) e.V.

Redaktion: Christina Braml, Alexandra Reichle
Herstellung: Katja Buß

Gestaltung: Katrin Schlüsener, Stuttgart
Umschlaggestaltung: Katrin Schlüsener, Stuttgart mit einem Umschlagfoto von Thomas Weccard, Ludwigsburg
Illustrationen: Gilles Bonotaux, Paris; Jörg Mair, München; Karin Mall, Berlin; Helga Merkle, Albershausen; Carolin Ina Schröter, Berlin; Sabine Wiemers, Düsseldorf
Reproduktion: Meyle + Müller, Medienmanagement, Pforzheim
Druck: Gebr. Geiselberger GmbH, Altötting

Printed in Germany
ISBN 978-3-12-103610-3

Inhaltsverzeichnis

1 | Überblick behalten   5
Mein Kompetenzraster   6
So funktioniert die Arbeit mit
den „starkenSeiten"   8
Ordnung in meinem Berufswahl-Portfolio   9
Meine Selbsteinschätzungen   10

2 | Unterlagen ordnen   13
Mein Computer   14
Bevor es richtig losgeht …   15
Ordnung in meinem Computer   16
Ordner und Dateien   18
Informationen suchen und finden   21

3 | Stärken entdecken   23
Berufliche Tätigkeiten und
Fähigkeiten kennen   24
Fähigkeiten einschätzen   26
Wo bist du „stark"?   28
Meine Fähigkeiten   29
Fähigkeiten und Berufsfelder   31
Mein Berufsfeld Nummer 1   35

4 | Konflikte lösen   37
Über Gefühle sprechen   38
Was ist ein Konflikt?   39
Lösungsmöglichkeiten für Konflikte   40
Konflikte und das Eisbergmodell   42
Konfliktgespräche führen   43

5 | Im Team arbeiten   45
Einen Gruppenfahrplan erstellen   46
Regeln aufstellen   47
Funktionen verteilen   48
Informationen sammeln   49
Informationen darstellen   50
Eine Gruppenarbeit auswerten   51

6 | Verantwortung tragen   53
Wirtschaftliche Grundbegriffe
kennenlernen   54
Abteilungen in einem Unternehmen   55
Station 1: Die Geschäftsführung   58
Station 2: Die Werbeabteilung   60
Station 3: Die Personalabteilung   62
Station 4: Die Einkaufsabteilung   64
Station 5: Die Finanzabteilung   66
Station 6: Die Produktionsabteilung   68

Station 7: Die Verkaufsabteilung   70
Eine eigene Geschäftsidee entwickeln   72
Stellen besetzen   74
Unser Organigramm   75

7 | Betriebe finden   77
Adressen finden   78
Meine Wunsch-Praktikumsbetriebe   79
Betriebe im Internet   81
Telefonieren   82
Ein Bewerbungsschreiben verfassen   86
Mein Bewerbungsschreiben   87
Eine Bewerbung am Computer schreiben   89
Die Persönliche Vorstellung   90

8 | Arbeitsplätze erkunden   91
Informationen über den Praktikumsplatz
recherchieren   92
Mein Berufs-Steckbrief   93
Mein Betriebs-Steckbrief   94
Sicherheit am Arbeitsplatz   95
Verhalten im Praktikum   96
Tagesberichte schreiben   97
Wochenberichte schreiben   99
Berufstypische Arbeitsvorgänge
beschreiben   100
Das Praktikum durchführen und
auswerten   101
Mein Erkundungsbogen   103
Meine Wochenberichte   105
Mein Tagesbericht   107
Berufstypischer Arbeitsvorgang   108
Meine Praktikums-Auswertung   109

9 | Veränderungen erkennen   111
Zwei Bäckereien – läuft hier alles gleich?   112
Handwerk und Industrie   114
Der Industriebetrieb Traumback   116
Experten befragen   117
Ausbildungslätze in meiner Region   119

10 | Zukunft planen   121
Arbeitszeit und Freizeit   122
Warum Menschen gerne arbeiten   124
Ein Tag – viele Aufgaben   125
Ein Tag in meinem späteren Beruf   127

Seiten mit diesem Zeichen sind deine Portfolioseiten!

So arbeitest du mit diesem Buch

Aufgaben
Auf vielen Seiten des Buchs findest du Symbole vor den Aufgaben.
Hier wird ihre Bedeutung erklärt:

- Partneraufgaben
- Gruppenaufgaben
- Aufgaben für die gesamte Klasse

Zusatzelemente
Auf den Seiten findest du außerdem verschiedene Kästen,
die besonders wichtige Dinge hervorheben:

 Kästen mit der Glühbirne geben dir wichtige Tipps, damit du die Aufgaben leichter lösen kannst.

 Kästen mit dem Sternchen enthalten Vorgaben zum Lösen der Aufgaben.

 In den roten Kästen findest du Lern- und Arbeitsmethoden.

 Neben den ganz normalen Seiten mit Texten und Aufgaben gibt es noch Seiten mit einem grünen Balken oben. Diese Seiten kannst du heraustrennen und in deinem Berufswahl-Portfolio sammeln.

1 | Überblick behalten

Ich werde …

- mich in meinem Kompetenzraster zurechtfinden
- mein Berufswahl-Portfolio aktualisieren
- meine Leistungen selbst einschätzen

1 Beschreibe die Situation auf dem Bild.

2 Wie hätte die Person diese Situation vermeiden können?

„Ich habe das Arbeitsblatt aus der letzten Physikstunde verloren. Kann ich deins mal haben?"
„Klar, ich habe meins im Physikordner abgeheftet."

Mein Kompetenzraster

			A		B	
1	Basiswissen	kommunizieren	Ich kann Texte lesen und verstehen.	○○ ○○ ○○ ○○ ○○ ○○ ○○	Ich kann gesprochenen und geschriebenen Texten Informationen entnehmen, diese ordnen und wiedergeben.	○○ ○○ ○○ ○○ ○○ ○○ ○○
2		wirtschaften	Ich kenne wirtschaftliche Grundbegriffe und ihre Bedeutung.	○○ ○○ ○○ ○○ ○○ ○○ ○○	Ich kann ein Unternehmen (Betrieb, Firma) beschreiben und seinen Aufbau erklären.	○○ ○○ ○○ ○○ ○○ ○○ ○○
3	Verantwortung	für mich	Ich kann schriftliche Unterlagen erstellen, ordnen und sortieren, sie sorgfältig sammeln und aufbewahren.	○○ ○○ ○○ ○○ ○○ ○○ ○○	Ich kann einfache Aufgaben mit Routinecharakter in bestimmter Zeit erledigen und lasse mich dabei nicht ablenken.	○○ ○○ ○○ ○○ ○○ ○○ ○○
4		für andere	Ich kann mich mit und ohne Worte verständlich ausdrücken. Ich kenne die Regeln für den höflichen Umgang miteinander und halte sie ein.	○○ ○○ ○○ ○○ ○○ ○○ ○○	Ich kann Botschaften anderer – ob mit Worten oder durch Körpersprache – verstehen und darauf richtig reagieren.	○○ ○○ ○○ ○○ ○○ ○○ ○○
5	Ausbildungsweg		Ich kann meine Stärken und Schwächen benennen. Ich kann Berufe benennen.	○○ ○○ ○○ ○○ ○○ ○○ ○○	Ich kann eigene Interessen und Fähigkeiten nennen und weiß, wie ich sie verbessern kann. Ich kann Arbeitsplätze beschreiben. Ich weiß, dass sich Berufe im Lauf der Zeit verändern.	○○ ○○ ○○ ○○ ○○ ○○ ○○
6	regionales Wissen		Ich kenne meinen Wohnort/ Schulort und kann ihn auf einer Landkarte finden.	○○ ○○ ○○ ○○ ○○ ○○ ○○	Ich kann Wege beschreiben und aufmalen.	○○ ○○ ○○ ○○ ○○ ○○ ○○

C		D		E	
Ich kann mich in deutscher Sprache verständlich ausdrücken. Ich kann Informationen aus verschiedenen Quellen beschaffen.	○○ ○○ ○○ ○○ ○○ ○○	Ich kann einfache Texte fehlerfrei schreiben und verständlich formulieren.	○○ ○○ ○○ ○○ ○○ ○○	Ich kann formale zweckentsprechende Texte (Brief, Lebenslauf, Bewerbung, …) fehlerfrei schreiben.	○○ ○○ ○○ ○○ ○○ ○○
Ich kann gemeinsam mit meinen Mitschülerinnen und Mitschülern eine Schülerfirma führen und dabei auf wirtschaftliche Gesichtspunkte achten.	○○ ○○ ○○ ○○ ○○ ○○	Ich kenne die verschiedenen Institutionen (IHK, HWK, Gewerkschaften, …) und ihre Funktion.	○○ ○○ ○○ ○○ ○○ ○○	Ich kenne die Rechte und Pflichten eines Azubis und meine Rolle im Unternehmen. Ich kann meine wirtschaftliche Zukunft einschätzen und planen.	○○ ○○ ○○ ○○ ○○ ○○
Ich kann mich für eine selbst gewählte Aufgabe nach Kräften einsetzen und ein gutes Ergebnis erzielen. Dabei trage ich für das eigene Handeln die Verantwortung.	○○ ○○ ○○ ○○ ○○ ○○	Bei der Erfüllung von Aufgaben, die ich von anderen aufgetragen bekomme, gehe ich gewissenhaft und eigenverantwortlich vor und versuche fehlerfrei zu bleiben.	○○ ○○ ○○ ○○ ○○ ○○	Ich plane meinen Tag selbstständig so, dass ich alle Aufgaben erledigen kann. Dabei nehme ich verbindliche Vereinbarungen ernst und halte sie ein.	○○ ○○ ○○ ○○ ○○ ○○
Ich kann mit Konflikten umgehen, d. h. ich erkenne Interessengegensätze und bin bereit, diese zuzulassen.	○○ ○○ ○○ ○○ ○○ ○○	Ich kann mit Fehlern anderer konstruktiv und fair umgehen, eigenes Fehlverhalten wahrnehmen und korrigieren.	○○ ○○ ○○ ○○ ○○ ○○	Ich kann mit Mitschülern einer Gruppe ziel- und aufgabenorientiert kooperieren und bin dabei höflich, respekt- und rücksichtsvoll.	○○ ○○ ○○ ○○ ○○ ○○
Ich kann theoretische und praktische Informationen über Berufe sammeln. Ich kann meine Interessen und Fähigkeiten verschiedenen Berufen zuordnen. Ich habe einen Wunschberuf.	○○ ○○ ○○ ○○ ○○ ○○	Ich kann meine Aussichten und Chancen für meinen Wunschberuf einschätzen. Ich kann Alternativen für meinen Wunschberuf suchen.	○○ ○○ ○○ ○○ ○○ ○○	Ich kann eine passende Ausbildungsstelle suchen, Bewerbungsunterlagen zusammenstellen und mit Rückschlägen umgehen. Ich weiß, welche Rechte und Pflichten mit einem Ausbildungsvertrag verbunden sind.	○○ ○○ ○○ ○○ ○○ ○○
Ich kann verschiedene Betriebe meines Wohnortes/Schulortes nennen, finde deren Adresse und kann den Weg dorthin beschreiben.	○○ ○○ ○○ ○○ ○○ ○○	Ich kenne die wichtigsten Unternehmen über die Wohnorts- und Schulortsgrenzen hinaus und kann deren Adressen finden.	○○ ○○ ○○ ○○ ○○ ○○	Ich kann die Adressen mir unbekannter Unternehmen herausfinden, einen Termin ausmachen und dort pünktlich erscheinen.	○○ ○○ ○○ ○○ ○○ ○○

1 | Überblick behalten

So funktioniert die Arbeit mit den „starkenSeiten"

Gebrauchsanweisung für deine „starkenSeiten"

Die „starkenSeiten" sollen dir helfen, dich auf deinen späteren Beruf vorzubereiten. Die Kapitel in diesem Heft heißen „Module". Jedes Modul hilft dir, wichtige Kompetenzen zu erwerben. Am Anfang erfährst du immer, was du nach dem Modul können wirst. Mit deinen Mitschülern lernst du viel über Stärken, Verantwortung, Teamgeist, Berufe und die Arbeitswelt. Am Ende jedes Moduls schätzt du dich selbst ein. Dabei musst du ganz für dich allein über bestimmte Aussagen nachdenken.

Das „Kompetenzraster" am Anfang dieses Kapitels soll dir einen Überblick über deine Kompetenzen geben. Es besteht aus Zeilen und Spalten und sagt dir, was du kannst und wie gut du es kannst. Am linken Rand der Tabelle findest du die Ziffern 1 bis 6. Sie stehen für das WAS – den Inhalt – das Wissen also, das für die Wahl eines Berufes sehr wichtig ist. WIE GUT du etwas kannst wird mit den Buchstaben A (einfach) bis E (sehr schwierig) beschrieben. Diese findest du oben in der Tabelle.

Methode: Selbsteinschätzungsbögen und Kompetenzraster bearbeiten

1. Immer wenn du ein Modul bearbeitet hast, beantwortest du die Fragen im Selbsteinschätzungsbogen. Alle Fragen haben etwas mit dem zu tun, was du bei der Arbeit mit dem Modul getan hast.

   Beispiel: Wenn du im Modul 3 deine Stärken aufschreiben sollst, lautet die passende Einschätzung zu dieser Aufgabe:

Selbsteinschätzung zu Modul 3: Stärken entdecken Schätze dich ehrlich ein. Kreuze an.	ja	nein	Male EINEN Kreis im Feld …
• Ich kann meine Stärken aufschreiben.	○	○	5A

   Wenn dir die Aufgabe leicht gefallen ist, kreuzt du „ja" an, wenn du Schwierigkeiten hattest, kreuze „nein" an. Wichtig ist, dass du die Fragen ehrlich beantwortest.

2. Nun kannst du dir einen Punkt im Kompetenzraster geben: Die Spalte ganz rechts sagt dir, in welchem Feld du einen Punkt in deinem Kompetenzraster machen kannst. In diesem Fall ist es das Feld 5A: Ich kann meine Stärken und Schwächen benennen.

   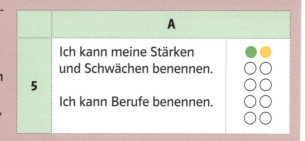

   - Wenn du dein Kreuz bei „ja" machen konntest, malst du einen Kreis grün aus.
   - Wenn du dein Kreuze bei „nein" gemacht hast, malst du einen Kreis gelb aus.
   - Bei mehr als einer Einschätzung entscheidet das Feld mit den meisten Kreuzen.

Im Laufe der Zeit wirst du viele Punkte einfärben und sehen, bei welchem Schwierigkeitsgrad und bei welchem Inhalt du ganz sicher sagen kannst: „Ich kann´s."
Mit dem Kompetenzraster kannst du allen zeigen, an welchen Kompetenzen du gearbeitet hast und wo du besonders gut bist.

Ordnung in meinem Berufswahl-Portfolio

Wenn du schon mit dem ersten Band von **starke**Seiten Berufsorientierung gearbeitet hast, weißt du, dass du bei der Arbeit mit diesem Heft viele Blätter sammeln und in deinem Berufswahl-Portfolio abheften wirst.
Bei der Arbeit mit Band 1 hast du bereits die folgenden Kapitel angelegt:

- In das Kapitel „**Über mich**" passen alle Seiten, die etwas mit dir persönlich zu tun haben.
- In das Kapitel „**Arbeitsplätze und Berufe**" kommen alle Seiten, die sich mit der Arbeitswelt beschäftigen.
- Die Selbsteinschätzungsbögen und das Kompetenzraster aus Modul 1 heftest du erst ab, wenn du alle Inhalte dieses Buchs bearbeitet hast. Sie gehören in das Kapitel „**Selbsteinschätzungen**".
- Wenn du ein Zertifikat für eine besondere Leistung bekommst, ordnest du es in das Kapitel „**Zertifikate**".

Mein starkeSeiten-Inhaltsverzeichnis

Kapitel	Inhalt
1 Über mich	Meine „Starke Seite" So kann ich Streit vermeiden Mein Lernplakat zur Teamarbeit Meine Verantwortungsaufgabe Mein Auswertungsbogen zur Verantwortungsaufgabe So stelle ich mir meine Zukunft vor
2 Arbeitsplätze und Berufe	Meine Mind–Map zum Thema „ARBEITSPLÄTZE" Mein Arbeitsplatz-Befragungsbogen Meine Arbeitsplatzerkundung

1 Einige Portfolioseiten hast du bei der Arbeit mit Band 1 gesammelt.

In diesem Band wirst du weitere Unterlagen sammeln, die dir bei deiner Berufsorientierung helfen. Dafür brauchst du neue Kapitel:

- Das Modul 6 in diesem Band bietet dir Gelegenheit, deine Fähigkeiten in einer Schülerfirma unter Beweis zu stellen. Alle Portfolio-Seiten aus diesem Modul heftest du in das Kapitel „**Schülerfirma**".
- Für dein bevorstehendes „**Praktikum**" wird ein weiteres Kapitel benötigt. Hier sammelst du alle Unterlagen (z. B. Bewerbungen und Berichte), die du während des Praktikums erstellst.

1 Um dein Berufswahl-Portfolio auf den neuesten Stand zu bringen, überlege, welche Informationen in deinem Portfolio dir bei deiner Berufswahl weiterhelfen. Blätter, die du nicht mehr aufbewahren möchtest, musst du aus dem Inhaltsverzeichnis streichen und ausheften.

2 Trage die beiden neuen Kapitel in dein Inhaltsverzeichnis ein und hefte bei der weiteren Arbeit die neuen Portfolioseiten dort ab.

3 Erstelle für die beiden neuen Kapitel in deinem Portfolio ein Zwischenblatt. Beschrifte es mit den Kapitelüberschriften „Schülerfirma" und „Praktikum".

Meine Selbsteinschätzungen

Selbsteinschätzung zu Modul 2: Unterlagen ordnen Schätze dich ehrlich ein. Kreuze an.	ja	nein	Male EINEN Kreis im Feld …
• Ich kann Ordner auf einem Computer anlegen. • Ich kann Dateien abspeichern. • Ich kann Dateien löschen.	● ● ●	● ● ●	3A
• Ich kann mit Hilfe des Internets in einer vorgegebenen Zeit Informationen zu einem vorgegebenen Thema recherchieren.	●	●	3B
• Ich kann Informationen aus dem Internet in eigene Worte umformulieren.	●	●	1C

Selbsteinschätzung zu Modul 3: Stärken entdecken Schätze dich ehrlich ein. Kreuze an.	ja	nein	Male EINEN Kreis im Feld …
• Ich kann mindestens 5 Fähigkeiten nennen, die ich habe, und sie an jeweils einem Beispiel begründen. • Ich kann Fähigkeiten den Bereichen körperlich, geistig, sozial und persönlich zuordnen. • Ich weiß, in welchem Bereich meine Fähigkeiten besonders stark sind.	● ● ⊗	● ● ●	5B
• Ich kenne mindestens sieben unterschiedliche Berufsfelder. • Ich kann diesen Berufsfeldern wichtige Fähigkeiten zuordnen und Berufsbeispiele nennen. • Ich weiß, welche Berufsfelder für mich in Frage kommen und warum das so ist.	● ● ⊗	● ● ●	5C
Wenn du die Portfolioseiten „Meine Fähigkeiten" und „Mein Berufsfeld Nummer 1" ordentlich ausgefüllt und in dein Berufswahlportfolio eingeheftet hast, bekommst du zusätzlich einen grünen Punkt im Feld …			5A

Selbsteinschätzung zu Modul 4: Konflikte bewältigen Schätze dich ehrlich ein. Kreuze an.	ja	nein	Male EINEN Kreis im Feld …
• Ich kann benennen, worin bei einem Konflikt die Unvereinbarkeit besteht.	●	●	4B
• Ich kann das Eisbergmodell erläutern. • Ich kenne Möglichkeiten für die dauerhafte Lösung von Konflikten. • Ich kann Konflikte mit der win-win-Methode erfolgreich lösen.	● ● ●	● ● ●	4C
• Ich kann andere einschätzen und ihnen ein ehrliches Feedback geben.	●	●	4D

Selbsteinschätzung zu Modul 5: Im Team arbeiten Schätze dich ehrlich ein. Kreuze an.	ja	nein	Male EINEN Kreis im Feld …
• Ich habe mich mit meiner Gruppe auf ein Lernprodukt geeinigt. • Ich habe aktiv bei der Herstellung mitgewirkt. • Ich habe Ideen anderer Gruppenmitglieder akzeptiert und umgesetzt.	● ● ●	● ● ●	4E
• Ich kenne die Sonderfunktionen bei Gruppenarbeit. • Ich kann eine Sonderfunktion in der Gruppenarbeit gewissenhaft ausüben. • Ich bin bereit meinen Teil zum Gelingen der Gruppenaufgabe beizutragen.	● ● ●	● ● ●	3C
• Ich kann mich und andere nach einer Gruppenarbeit mit fairen Aussagen einschätzen.	●	●	4D

Selbsteinschätzung zu Modul 6: Verantwortung tragen Schätze dich ehrlich ein. Kreuze an.	ja	nein	Male EINEN Kreis im Feld …
• Ich kenne den Unterschied zwischen Waren und Dienstleistungen. • Ich kenne den Unterschied zwischen Umsatz und Gewinn. • Ich kann erklären, was ein Markt ist.	● ● ●	● ● ●	2A
• Ich kann gemeinsam mit meinen Mitschülerinnen und Mitschülern eine Schülerfirma führen.	●	●	2C
• Beim Stationenlauf haben wir mit Hilfe der Lösungskarten die Ergebnisse der einzelnen Stationen überprüft. • Wir haben die Stationen erst gewechselt, nachdem wir alle Aufgaben vollständig bearbeitet hatten. • Wir haben alle Stationen in der vorgegebenen Zeit gewissenhaft bearbeitet.	● ● ●	● ● ●	3D
Wenn du die Portfolioseite „Unser Organigramm" ordentlich ausgefüllt und abgeheftet hast, bekommst du zusätzlich einen grünen Punkt im Feld …			2B

Selbsteinschätzung zu Modul 7: Zukunft planen Schätze dich ehrlich ein. Kreuze an.	ja	nein	Male EINEN Kreis im Feld …
• Ich habe die Adressen und Telefonnummern von vier möglichen Praktikumsbetrieben herausgefunden.	●	●	6C
• Ich kann bei einem Unternehmen anrufen und nach einem Praktikumsplatz fragen.	●	●	4A
• Ich habe ein richtig aufgebautes Bewerbungsschreiben verfasst und im Computer abgespeichert.	●	●	1E
Wenn du die Portfolioseite „Meine Wunsch-Praktikumsbetriebe" und „Mein Bewerbungsschreiben" ordentlich ausgefüllt und in deinem Berufswahlportfolio eingeheftet hast, bekommst du zusätzlich einen grünen Punkt im Feld …			3B

Selbsteinschätzung zu Modul 8: Arbeitsplätze erkunden Schätze dich ehrlich ein. Kreuze an.	ja	nein	Male EINEN Kreis im Feld …
• Ich kann umfassende Informationen zu meinem Praktikumsberuf geben.	●	●	5C
• Während des Praktikums habe ich alle mir gestellten Aufgaben vollständig und gewissenhaft erledigt.	●	●	3D
• Ich habe mindestens einen Tagesbericht, einen Wochenbericht und die Beschreibung eines berufstypischen Arbeitsvorgangs geschrieben.	●	●	1E
• Ich kam stets pünktlich zu meinem Praktikumsbetrieb. • Ich kenne die Sicherheitsvorschriften an meinem Praktikumsplatz und hielt sie ein. • Ich habe meine Praktikumsmappe vollständig erstellt.	● ● ●	● ● ●	3E
• Ich habe den Weg zu meinem Praktikumsplatz beschrieben.	●	●	6B
Wenn du die Portfolioseiten zum Betriebspraktikum ordentlich ausgefüllt und daraus eine Praktikumsmappe erstellt hast, bekommst du zusätzlich einen grünen Punkt in den Feldern …			1D und 3C

Selbsteinschätzung zu Modul 9: Veränderungen erkennen Schätze dich ehrlich ein. Kreuze an.	ja	nein	Male EINEN Kreis im Feld …
• Ich kann Tätigkeiten den Bereichen „Beschaffung", „Produktion" und „Absatz" zuordnen.	●	●	2A
• Ich habe die Mitarbeiterinnen und Mitarbeiter der „Bäckerei Müller" in ein Organigramm eingetragen.	●	●	2B
• Ich weiß, was die Handwerkskammer ist. • Ich weiß, was die Industrie- und Handelskammer ist. • Ich kann die Unterschiede zwischen einem Handwerksbetrieb und einem Industriebetrieb erklären.	● ● ●	● ● ●	2D
• Ich kann durch eine Expertenbefragung herausfinden, welche Betriebe in meiner Region Ausbildungsstellen anbieten.	●	●	6D
Wenn du die Portfolioseite „Ausbildungsplätze in meiner Region" ordentlich ausgefüllt und in deinem Berufswahlportfolio eingeheftet hast, bekommst du zusätzlich einen grünen Punkt im Feld …			5C

Selbsteinschätzung zu Modul 10: Zukunft planen Schätze dich ehrlich ein. Kreuze an.	ja	nein	Male EINEN Kreis im Feld …
• Ich kann verschiedene Arbeitszeitmodelle beschreiben.	●	●	2A
• Ich kann erklären, was mir in meinem späteren Beruf wichtig ist.	●	●	5B
Wenn du die Portfolioseite „Ein Tag in meinem späteren Beruf" ordentlich ausgefüllt und in dein Berufswahlportfolio eingeheftet hast, bekommst du zusätzlich einen grünen Punkt im Feld …			5C

2 | Unterlagen ordnen

Ich werde ...

✗ *Dateien abspeichern und wiederfinden*
✗ *Ordner anlegen und Dateien sortieren*
✗ *nach Informationen recherchieren*
✗ *Fragen zu Computerbegriffen beantworten*

1 Beschreibe die Situationen auf den Abbildungen. Wofür brauchen die Personen einen Computer?

2 In welchen Berufen könntest du mit diesen Inhalten zu tun haben?

3 Welche Computerprogramme kennst du?

„Wo habe ich bloß den Text von gestern abgespeichert?"

13

2 | Unterlagen ordnen

Mein Computer

1 Beantworte die folgenden Aussagen ehrlich, indem du jeweils nur ein Kreuz machst.

a	Wir haben zu Hause …	○ einen Computer oder einen Laptop	○ eine Spielkonsole	○ einen Computer/ Laptop und eine Spielkonsole	○ nichts von beiden
b	Den Computer/ Laptop benutze ich …	○ täglich	○ wöchentlich	○ selten	○ nie
c	Ich benutze den Computer hauptsächlich …	○ zum Spielen	○ für die Hausaufgaben	○ zum Chatten	○ zum Surfen
d	Ich hebe Informationen auf oder speichere sie …	○ auf dem Computer	○ auf einem USB-Stick	○ auf einer CD	○ in einem Heft oder Schnellhefter
		Ecke 1	**Ecke 2**	**Ecke 3**	**Ecke 4**

2 Führt gemeinsam das Vier-Ecken-Spiel zur Auswertung des Fragebogens durch. Dabei kannst du sehen, wie sich deine Mitschüler entschieden haben.

Vier-Ecken-Spiel

- Eure Lehrerin oder euer Lehrer wird euch die Sätze aus dem Fragebogen vorlesen. Jede Ecke im Raum steht für eine der Antwortmöglichkeiten.

- Welche der Antworten hast du angekreuzt? Gehe in die entsprechende Ecke. Welche Ecke das ist, siehst du in der letzten Zeile des Fragebogens. Wenn du nichts angekreuzt hast, bleibe in der Mitte stehen.

- Jetzt hast du kurz Zeit, mit deiner Gruppe über eure Erfahrungen zu sprechen.

- Auf ein Zeichen hin gehen alle wieder in die Mitte des Raumes, um auf die nächste Einschätzung zu warten.

Unterlagen ordnen | 2

Bevor es richtig losgeht ...

Wenn du den Computer anschaltest, dauert es einige Zeit, bis du mit der Arbeit anfangen kannst. Manchmal – vor allem an den Computern in der Schule – musst du dich zuerst anmelden. Dazu brauchst du einen Benutzernamen und ein Passwort oder Kennwort. Diese Daten bekommst du von deiner Lehrerin oder deinem Lehrer.

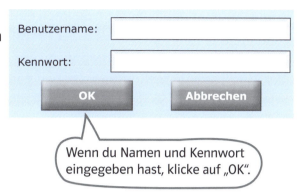

Wenn du Namen und Kennwort eingegeben hast, klicke auf „OK".

1

a) Mit dem Computer kannst du viele Dinge tun, die du auch ohne Computer tun würdest. Für alle Arbeiten benötigst du ein bestimmtes Programm. Ordne die Tätigkeiten dem passenden Programm zu, indem du sie verbindest.

schreiben	Musik-Player
Tabellen auswerten	E-Mail-Programm
zeichnen	Chat-Programm
Briefe verschicken	Video-Player
Musik hören	Textverarbeitungs-Programm
Filme anschauen	Bildbearbeitungs-Programm
mich mit Freunden unterhalten	Tabellenkalkulations-Programm

b) Mit welchen Programmen hast du schon gearbeitet? Welche genaue Bezeichnung haben sie?

Skype, Word

c) Sammelt die Namen der Programme und erstellt eine Mind Map.

2 | Unterlagen ordnen

Ordnung in meinem Computer

So wie du Unterlagen in einem Schrank einsortieren kannst, speichert dein Computer alle wichtigen Informationen auf der **Festplatte** oder einem anderen **Datenträger** (z. B. USB-Stick). Solche Informationen können zum Beispiel Bilder, Texte, Spieldaten oder Musik sein. Je mehr Informationen gespeichert werden, umso wichtiger ist es, Ordnung zu halten. So findest du schnell alle Informationen wieder, wenn du sie brauchst.

Stelle dir die Festplatte in deinem Computer wie einen großen Schrank mit mehreren Türen vor, der an deinem Arbeitsplatz steht. Dein „Schrank" hat eine Bezeichnung – meistens „C:". Manchmal trägt er auch einen anderen Buchstaben oder deinen Namen.

So sieht der „Arbeitsplatz" im Computer aus.

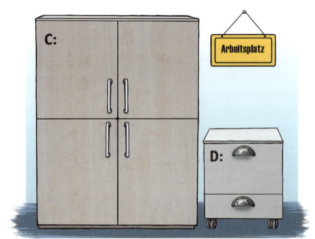

Ein Teil deines „Schranks" ist für deine persönlichen Unterlagen reserviert. Er heißt „Eigene Dateien". Du kannst ihn durch einen Doppelklick auf die linke Maustaste öffnen und sehen, was darin liegt: **Ordner** (große und kleine Kisten, Aktenordner) und **Dateien** (einzelne Blätter). Du kannst neue Ordner und Dateien in den „Schrank" stellen oder herausnehmen.

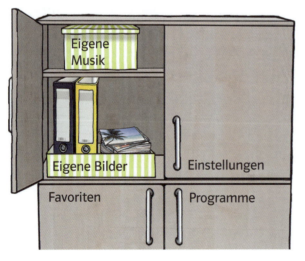

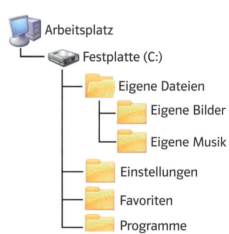

1 Was steht auf der offenen Schranktür? _____

16

Unterlagen ordnen | 2

Wenn du wissen willst, was sich in einem Ordner befindet, klickst du mit der linken Maustaste auf ihn. In ihm können sich Unterordner (Tiere, Autos …) und einzelne Dateien (z. B. Bilder) befinden.

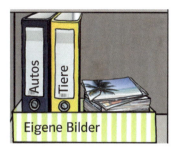

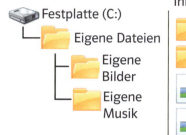

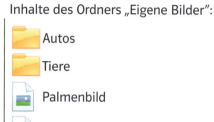

2

a) Entscheide, ob die folgenden Sätze richtig oder falsch sind. Kreuze an.

		r	f
A	Bilder können auf der Festplatte gespeichert werden.		
B	Ein Ordner kann in einer Datei stehen.		
C	Ein Ordner kann in einem Ordner stehen.		
D	In einem Ordner können ein weiterer Ordner und eine Datei stehen.		
E	Ein einzelnes Bild ist ein Ordner.		
F	Ein einzelnes Bild ist eine Datei.		

b) Vergleiche dein Ergebnis mit einer Partnerin oder einem Partner.

c) Überlege dir eine Erklärung für die Begriffe „Festplatte", „Ordner" und „Datei". Schreibe sie stichwortartig auf einen Extrazettel.

d) Stellt euch eure Erklärungen gegenseitig vor und einigt euch auf eine Beschreibung, die ihr auf den gelben Zetteln unten notiert.

Festplatte

Ordner

Datei

17

2 | Unterlagen ordnen

Ordner und Dateien

In fast jedem Beruf gehören Computer zu den wichtigsten Arbeitsmitteln. Der sichere Umgang mit den verschiedenen Programmen, das Eingeben, Verwalten und Ausgeben von Daten sind wichtige Fähigkeiten, die man trainieren muss. Dazu gehört auch das Sammeln und Auswerten von Informationen und Dokumenten oder das Gestalten von Texten, Bildern und Homepages. Um in einem Beruf gut und schnell am Computer arbeiten zu können, muss man den Überblick über die Dateien behalten.

Methode: Einen Ordner anlegen
Um dich in deinem „Schrank" zurechtzufinden, sollten alle Dateien in Ordnern abgespeichert werden. Alle Dateien zum gleichen Thema sollten sich im gleichen Ordner befinden. Wenn du möchtest, kannst du auch noch Unterordner anlegen.

Beispiel:
Lege alle deine Fotos in einem Ordner „Fotos" ab. In diesem Ordner wiederum sind Unterordner angelegt. Im Ordner „Schule" sind alle Fotos, die mit der Schule zu tun haben. Im Ordner „Urlaub" sind alle Urlaubsfotos gespeichert. Damit du weißt, in welchem Urlaub ein Foto entstanden ist, kannst du noch einmal Unterordner für den jeweiligen Urlaub anlegen.

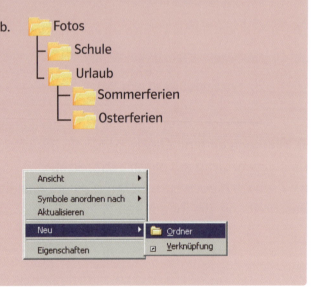

So legst du einen Ordner an:
1. Suche in deinem „Schrank" den Ort, an dem du den Ordner erstellen möchtest.
2. Klicke auf die rechte Maustaste. Es öffnet sich ein Menü. Klicke auf das Wort „Neu".
3. Wähle jetzt das Wort „Ordner".
4. Gib dem Ordner einen Namen.

1 Auf der Festplatte des Schulcomputers hast du deinen eigenen „Schrank".

a) Wie heißt er? _____

b) Erstelle die rechts abgebildete Ordnerstruktur in deinem „Schrank" auf dem Computer.

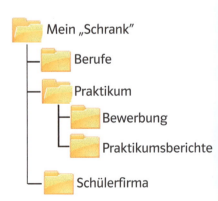

18

Unterlagen ordnen | 2

Jede Datei hat ein bestimmtes **Dateiformat**. Das Dateiformat sagt dir, um welche Information (Text, Bild, Tabelle, Präsentation, Musik, Film, …) es sich bei der Datei handelt, ohne den genauen Inhalt zu kennen. Beim Speichern bekommt die Datei eine spezielle Endung, je nachdem, welches Programm zum Erstellen der Datei benutzt wurde.

2
a) Welche der folgenden Dateiformate sind dir schon begegnet? Kreuze an.

○ .doc _____   ○ .wav _____

○ .html _____   ○ .xls _____

○ .bmp _____   ○ .ppt _____

○ .mp3 _____   ○ .jpg _____

b) Schreibe stichpunktartig auf die Linien, um welche Art von Information (z. B. Text, Bild …) es sich gehandelt hat.

3 Verbinde den Dateinamen mit den passenden Symbolen und der Art der Information.

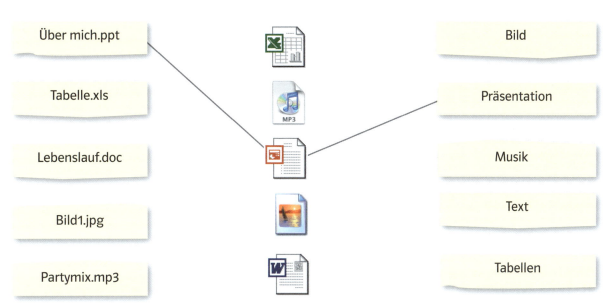

4 Nicht alle Dateinamen sind sehr aussagekräftig. Besonders zwei Dateinamen eignen sich nicht so gut. Notiere sie und begründe, warum die Bezeichnungen nicht gut sind.

1. _____

_____

2. _____

_____

2 | Unterlagen ordnen

Methode: Dateien speichern und löschen

Eine Datei speichern:
1. Klicke in der Menüleiste des Programms, in dem du arbeitest, auf das Wort „Datei". Die Menüleiste befindet sich am oberen Bildschirmrand.
2. Es öffnet sich eine Auswahl. Klicke auf den Punkt „Speichern unter".
3. Nun öffnet sich ein neues Fenster. Normalerweise zeigt dieses Feld den Inhalt des Ordners „Eigene Dateien" an.
4. Suche nun den Ort, an dem du die Datei abspeichern möchtest.
5. Gib den Namen, unter dem du die Datei speichern willst, im Feld „Dateiname" ein.
6. Klicke auf „Speichern".

Dateien löschen
Wenn du eine Datei nicht mehr benötigst, kannst du sie löschen.
1. Suche die Datei in deinem „Schrank".
2. Klicke mit der rechten Maustaste auf die Datei. Es öffnet sich ein Menü.
3. Klicke auf „Löschen". Es erscheint ein neues Fenster. Hier wird noch einmal gefragt, ob du die Datei auch wirklich löschen möchtest.
4. Wenn du dir sicher bist, klicke auf „Ja".

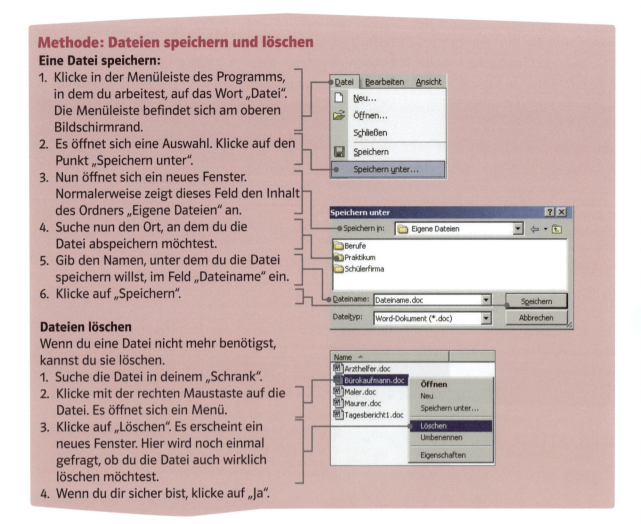

5 Wie verschiebt man Dateien?
a) Erstellt eine Anleitung für eure Klasse.
b) Vergleicht eure Anleitungen und einigt euch auf einen Weg. Korrigiere, wenn nötig, deine Aufzeichnungen.

Eine Datei verschieben:

1.

6
a) Öffne ein Textverarbeitungsprogramm. Schreibe den Text aus dem Rahmen und speichere die Datei in deinem „Schrank" ab. Denke dir einen sinnvollen Namen für die Datei aus.
b) Verschiebe die Datei in einen anderen Ordner.
c) Lösche die Datei.

Ordnung halten ist nicht schwer.
Ordnung machen aber sehr.
Drum rat ich dir, und halt dich dran,
leg' lieber gleich 'nen Ordner an.
So ist das Finden deiner Daten
kein endlos langes Standortraten.

Unterlagen ordnen | 2

Informationen suchen und finden

Methode: Internetseiten aufrufen
Auf der Suche nach Informationen nutzen viele Menschen mehr und mehr das Internet. Um im Internet zu surfen, benötigst du ein spezielles Internetprogramm: einen Browser.

1. Starte den Computer und öffne den Browser.
2. Suche in deinem Internetbrowser die Eingabezeile für Internetadressen.

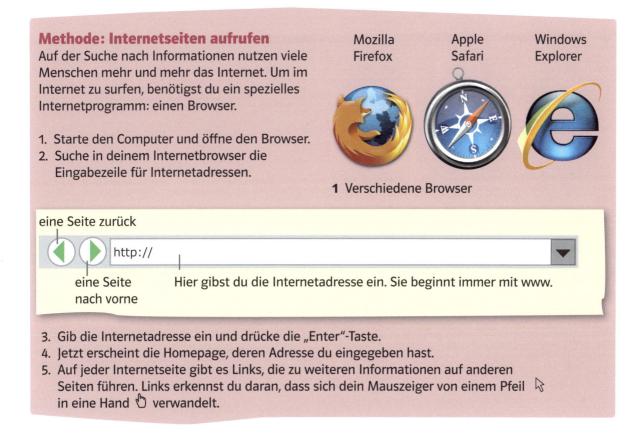

1 Verschiedene Browser

Mozilla Firefox   Apple Safari   Windows Explorer

eine Seite zurück
eine Seite nach vorne
Hier gibst du die Internetadresse ein. Sie beginnt immer mit www.

3. Gib die Internetadresse ein und drücke die „Enter"-Taste.
4. Jetzt erscheint die Homepage, deren Adresse du eingegeben hast.
5. Auf jeder Internetseite gibt es Links, die zu weiteren Informationen auf anderen Seiten führen. Links erkennst du daran, dass sich dein Mauszeiger von einem Pfeil in eine Hand verwandelt.

1 Finde Antworten zu den Fragen auf der nächsten Seite im Internet. Beantworte zunächst nur die Fragen in den weißen Kästen.

Online-Link
103610-0021

Umgang mit Online-Links:
Schritt 1: Gib in die Eingabezeile deines Browsers die Adresse www.klett.de ein. Dort findest du einen Kasten, in den du etwas hineinschreiben kannst.

103610-0021

Schritt 2: Tippe in diesen Kasten die Nummer ein, die unter dem „Online Link"-Symbol steht, und klicke auf den Pfeil. Auf der Seite, die nun angezeigt wird, findest du den Link zu einer weiteren Internetseite. Hier stehen alle Informationen, die du für die Beantwortung der Fragen benötigst.

2
a) Suche dir aus den vorhandenen Informationen einen weiteren Begriff aus und formuliere zu ihm eine Frage. Schreibe sie in das gelbe Feld und notiere die Antwort im darunter liegenden Feld.
b) Suche dir eine Partnerin oder einen Partner. Stellt euch gegenseitig eure Frage und schreibt sie in das blaue Feld. Zur schriftlichen Beantwortung habt ihr nun 5 Minuten Zeit. Kontrolliert anschließend gegenseitig, ob die Frage richtig beantwortet wurde.

2 | Unterlagen ordnen

Computer und Internet – Fragen und Antworten	
Was man wissen sollte:	
Was ist **Hardware**?	Was ist **Software**?
Was man haben sollte:	
Was ist die **Netikette**?	Wozu brauchst du einen **Account**?
Über Dateiformate	
Was ist das Besondere an **mp3**-Dateien?	Was bedeutet das Dateiformat **pdf**?
Wissenswertes	
Meine Frage:	Seine/Ihre Frage:

3 Bearbeite die Selbsteinschätzung auf Seite 10.

3 | Stärken entdecken

Ich werde ...

✗ meine Fähigkeiten einschätzen
✗ eine Fremdeinschätzung zu meinen Fähigkeiten einholen
✗ Berufsfelder unterscheiden
✗ ein Berufsfeld auswählen und überprüfen, ob es zu meinen Fähigkeiten passt

1 Vermute, worüber Mark gerade nachdenkt.

„Meine Stärken liegen eher im sozialen Bereich. Ich kann sie bei meiner Ausbildung zur Arzthelferin gut anwenden."

3 | Stärken entdecken

Berufliche Tätigkeiten und Fähigkeiten kennen

So wie Mark fragen sich jedes Jahr viele Schülerinnen und Schüler, welchen Beruf sie nach der Schulzeit lernen wollen. Zur Wahl stehen viele unterschiedliche Berufe und bei jedem gibt es immer wiederkehrende typische Tätigkeiten.

1 Welche Tätigkeiten sind typisch für die Berufe auf den Abbildungen? Wähle die passenden Tätigkeiten aus dem Vorgabekasten aus und ordne sie den drei Berufen in der Tabelle zu.

> Einkaufslisten schreiben, Menschen heben, Konten eröffnen, Blutdruck messen, schwere Töpfe heben, verhandeln, Windeln wechseln, Menüs planen, Geheimnisse bewahren, kämmen, Zeit bis zum Servieren einteilen, rechnen, stundenlang stehen, Kunden beraten, garnieren, Computer bedienen, waschen, Formulare ausfüllen, Betten beziehen, Medikamente geben, anziehen, genau abmessen, Kundenbeschwerden bearbeiten

Berufe	Typische Tätigkeiten
Köchin/Koch 	Einkaufslisten schreiben, schwere Töpfe heben, Menüs planen, Zeit bis zum Servieren einteilen, stundenlang stehen, garnieren, waschen, genau abmessen, rechnen.
Altenpflegerin/Altenpfleger	Menschen heben, Blutdruck messen, Windeln wechseln, kämmen, waschen, Betten beziehen, Medikamenten geben, anziehen,
Bankkauffrau/Bankkaufmann	Konten eröffnen, verhandeln, Geheimnisse bewahren, rechnen, Kunden beraten, Computer bedienen, Formulare ausfüllen, Kundenbeschwerden bearbeiten

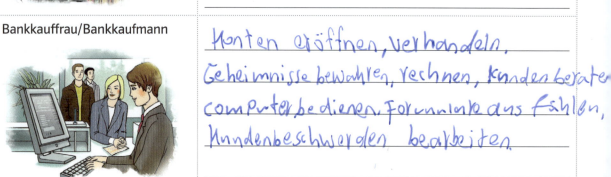

Stärken entdecken | 3

Jeder Mensch hat Stärken und Fähigkeiten. Wenn diese zu den Tätigkeiten in einem Beruf passen, so macht uns das zufriedener. Es fällt uns leichter, den Beruf dauerhaft auszuüben und uns darin weiterzuentwickeln.

2

a) In welchem der Berufe (Koch, Altenpfleger, Bankkaufmann) sind die folgenden Fähigkeiten besonders gefordert? Kreuzt an. Achtung: Einige Fähigkeiten können auch für mehrere Berufe notwendig sein!

> Falls du die nachstehenden Begriffe nicht verstehst, so können dir die Hinweise auf S. 26 und 27 helfen.

Ausdauer
- ☒ Koch
- ☒ Altenpfleger
- ☐ Bankkaufmann

Belastbarkeit
- ☒ Koch
- ☒ Altenpfleger
- ☐ Bankkaufmann

Einfühlungsvermögen
- ☐ Koch
- ☒ Altenpfleger
- ☒ Bankkaufmann

Rechnerisches Denken
- ☒ Koch
- ☐ Altenpfleger
- ☒ Bankkaufmann

Textverständnis
- ☒ Koch
- ☒ Altenpfleger
- ☒ Bankkaufmann

Aufmerksamkeit
- ☒ Koch
- ☒ Altenpfleger
- ☒ Bankkaufmann

Kreativität
- ☒ Koch
- ☐ Altenpfleger
- ☒ Bankkaufmann

Sorgfalt/Genauigkeit
- ☒ Koch
- ☒ Altenpfleger
- ☒ Bankkaufmann

Kommunikationsfähigkeit
- ☐ Koch
- ☒ Altenpfleger
- ☒ Bankkaufmann

Organisationsfähigkeit
- ☒ Koch
- ☒ Altenpfleger
- ☒ Bankkaufmann

Zuverlässigkeit
- ☐ Koch
- ☒ Altenpfleger
- ☒ Bankkaufmann

Hilfsbereitschaft
- ☐ Koch
- ☒ Altenpfleger
- ☒ Bankkaufmann

b) Vergleicht eure Ergebnisse. Wo gibt es Übereinstimmungen und Unterschiede?
c) Welche Fähigkeiten benötigt man für mehrere Berufe? Begründet, warum das so ist.
d) Bereitet euch darauf vor, einen der drei Berufe vorzustellen. Notiert, welche Tätigkeiten typisch und welche Fähigkeiten besonders wichtig sind.

3 | Stärken entdecken

Fähigkeiten einschätzen

1 Um einen geeigneten Beruf zu finden, solltest du deine Fähigkeiten richtig einschätzen können. Überlege bei jeder Fähigkeit, ob du hier besonders stark bist. Wenn du denkst, dass diese Fähigkeit für dich zutrifft, beschreibe stichwortartig, woran man das erkennt.

> Erinnere dich: Stärken zeigst du in der Schule, aber auch zu Hause. Schaue in deinem **starke**Seiten-Portfolio nach, welche Stärken du bereits aufgeschrieben hast!

[1] (Körperliche) Ausdauer

Ich gebe nicht so schnell auf, auch wenn es meinen Körper Kraft kostet.

○ liegt mir nicht so   ☒ liegt mir, weil …

Ich Fußball spiele, sportlich

[2] (Körperliche) Belastbarkeit

Ich kann anstrengende Aufgaben, für die Körperkraft benötigt wird, über längere Zeit ausführen.

☒ liegt mir nicht so   ○ liegt mir, weil …

[3] Geschicklichkeit/Fingerfertigkeit

Ich kann Werkzeuge und Geräte auch für Feinarbeiten geschickt nutzen.

○ liegt mir nicht so   ☒ liegt mir, weil …

hab schon was repariert

[4] Sorgfalt/Genauigkeit

Ich arbeite sauber und genau und achte auch auf Kleinigkeiten, um fehlerfrei zu bleiben.

○ liegt mir nicht so   ☒ liegt mir, weil …

Ich ordlich bin

[5] Räumliches Denken

Ich kann mir vorstellen, wie ein gezeichneter Gegenstand in Wirklichkeit aussieht.

○ liegt mir nicht so   ☒ liegt mir, weil …

Ich ein gute Pfantasi hab

[6] Rechnerisches Denken

Ich kann gut mathematische Kenntnisse anwenden und Lösungen entwickeln.

○ liegt mir nicht so   ☒ liegt mir, weil …

Ich aufpasse

[7] Textverständnis

Ich kann längere Texte lesen und ihnen Informationen entnehmen.

○ liegt mir nicht so   ☒ liegt mir, weil …

Ich lesen kann

[8] (Dauer-)Aufmerksamkeit

Ich kann mich über längere Zeit auf eine Tätigkeit konzentrieren und lasse mich nicht ablenken.

○ liegt mir nicht so   ☒ liegt mir, weil …

Ich die anderen ignoriere

[9] Merkfähigkeit

Ich kann mir Dinge, die ich gelesen oder erzählt bekommen habe, lange merken.

○ liegt mir nicht so   ☒ liegt mir, weil …

Ich gude gedechniss habe

Stärken entdecken | 3

[10] Organisationsfähigkeit

Ich kann gut etwas planen und umsetzen.

○ liegt mir nicht so ⊗ liegt mir, weil …

Ich Planen kann

[11] Kreativität

Ich habe stets viele neue Ideen.

○ liegt mir nicht so ⊗ liegt mir, weil …

mir fählt immer was ein

[12] Teamfähigkeit

Ich kann gut mit anderen in einer Gruppe zusammenarbeiten.

○ liegt mir nicht so ⊗ liegt mir, weil …

Wir Zusammen Arbeiten

[13] Hilfsbereitschaft

Ich erkenne, wenn jemand Unterstützung braucht, und helfe gern.

○ liegt mir nicht so ⊗ liegt mir, weil …

Ich hilfs breit bin

[14] Einfühlungsvermögen

Ich kann mich gut in andere Menschen hineinversetzen.

○ liegt mir nicht so ⊗ liegt mir, weil …

Ich Weiß Wie er sich fühlt

[15] Kritikfähigkeit

Ich kann andere fair beurteilen und mich selbst beurteilen lassen.

○ liegt mir nicht so ⊗ liegt mir, weil …

das mir egal ist

[16] Konfliktfähigkeit

Ich helfe bei gegensätzlichen Meinungen mit, einvernehmliche Lösungen zu finden.

○ liegt mir nicht so ⊗ liegt mir, weil …

Weil Ich andere Meinung hab

[17] Kommunikationsfähigkeit

Ich kann mich verständlich ausdrücken und verstehe, was andere mir mitteilen.

○ liegt mir nicht so ⊗ liegt mir, weil …

Ich kann die verstehen was die meinen

[18] Zuverlässigkeit

Ich halte Vereinbarungen ein.

○ liegt mir nicht so ⊗ liegt mir, weil …

Ich immer Pünktlich bin

[19] Selbstständigkeit

Ich kann Aufgaben eigenständig erledigen und weiß, was zu tun ist.

○ liegt mir nicht so ⊗ liegt mir, weil …

Ich selbs ständit bin

[20] Verantwortungsbewusstsein

Ich übernehme gern Aufgaben, fühle mich verantwortlich und stehe für meine Taten ein.

⊗ liegt mir nicht so ○ liegt mir, weil …

[21] Leistungsbereitschaft

Ich bearbeite Aufgaben nach besten Kräften und will gute Ergebnisse erzielen.

○ liegt mir nicht so ⊗ liegt mir, weil …

Ich ein gute Note Will

[22] Durchhaltevermögen

Auch bei Schwierigkeiten beende ich eine Aufgabe erst, wenn sie vollständig erledigt ist.

○ liegt mir nicht so ⊗ liegt mir, weil …

Ich will dass es fertig Wird

[23] Pünktlichkeit

Ich halte verabredete Termine ein.

○ liegt mir nicht so ⊗ liegt mir, weil …

weil das mir Wichtig ist

3 | Stärken entdecken

Wo bist du „stark"?

Fähigkeiten kann man unterschiedlich einteilen, z. B. in körperliche, geistige, soziale und persönliche Fähigkeiten. Für die meisten Berufe benötigst du Fähigkeiten aus allen Bereichen. Meistens ist aber ein Bereich besonders wichtig.

Unterschiedliche Fähigkeiten

Bei den **körperlichen** Fähigkeiten kommt dein Körper zum Einsatz. Hier geht es aber nicht nur um Kraft, sondern beispielsweise auch um Ausdauer oder Geschicklichkeit.

Bei den **geistigen** Fähigkeiten zählt dein Kopf. Wenn du z. B. gut rechnen oder argumentieren kannst und aufmerksam bist, sind deine geistigen Fähigkeiten gut ausgeprägt.

Soziale Fähigkeiten zeigst du im Umgang mit anderen Menschen. Kannst du gut mit anderen reden, dich in andere hineinversetzen oder hast du schon einmal einen Streit geschlichtet? Dann bist du hier stark.

Einige Fähigkeiten lassen sich diesen drei Bereichen nicht eindeutig zuordnen. Sie haben mit deiner persönlichen Haltung oder Einstellung zu tun und sind deshalb **persönliche** Fähigkeiten.

1 Finde mit Hilfe der Portfolioseite „Meine Fähigkeiten" heraus, wo du „stark" bist:
a) Kreuze zunächst in der gelben Spalte an, wie du dich selbst bei den einzelnen Fähigkeiten einschätzt. Nutze deine Aufzeichnungen auf den beiden vorangegangenen Seiten. Knicke nun das Blatt an der Trennlinie und klappe es um, sodass deine Eintragungen verdeckt sind.
b) 🧑‍🤝‍🧑 Bitte eine Mitschülerin oder einen Mitschüler, durch Ankreuzen in der grünen Spalte (Fremdeinschätzung) deine Fähigkeiten einzuschätzen.
c) Klappe danach das Blatt wieder auf und vergleiche deine Einschätzung mit der deiner Mitschülerin/deines Mitschülers. Wenn die Einschätzungen übereinstimmen, trage das Ergebnis (☺ oder ☹) in die letzte Spalte ein. Wenn die Einschätzungen nicht übereinstimmen, lasse das Feld zunächst leer.
d) 🧑‍🤝‍🧑 Sprich mit deiner Mitschülerin/deinem Mitschüler über die Felder, die jetzt noch leer sind. Einigt euch auf ein Ergebnis (☺ oder ☹) und tragt es in die letzte Spalte ein.
e) In welchem der vier Bereiche sind deine Fähigkeiten am stärksten ausgeprägt?
Meine Fähigkeiten liegen eher im ☒ körperlichen Bereich.
　　　　　　　　　　　　　　　○ geistigen
　　　　　　　　　　　　　　　○ sozialen
　　　　　　　　　　　　　　　☒ persönlichen

Meine Fähigkeiten

hier knicken

		Fremdeinschätzung		So schätze ich mich selbst ein		Ergebnis
Körperliche Fähigkeiten		☺	☹	☺	☹	
1	(Körperliche) Ausdauer	⊗	○	⊗	○	☺
2	(Körperliche) Belastbarkeit	⊗	○	⊗	○	☺
3	Geschicklichkeit/Fingerfertigkeit	⊗	○	⊗	○	☺
4	Sorgfalt/Genauigkeit	⊗	○	⊗	○	☺
Geistige Fähigkeiten		☺	☹	☺	☹	
5	Räumliches Denken	⊗	○	⊗	○	☺
6	Rechnerisches Denken	⊗	○	⊗	○	☺
7	Textverständnis	○	⊗	⊗	○	☺
8	(Dauer-)Aufmerksamkeit	⊗	○	⊗	○	☺
9	Merkfähigkeit	⊗	○	⊗	○	☺
10	Organisationsfähigkeit	⊗	○	⊗	○	☺
11	Kreativität	⊗	○	⊗	○	☺
Soziale Fähigkeiten		☺	☹	☺	☹	
12	Teamfähigkeit	⊗	○	⊗	○	☺
13	Hilfsbereitschaft	⊗	○	⊗	○	☺
14	Einfühlungsvermögen	⊗	○	⊗	○	☺
15	Kritikfähigkeit	⊗	○	⊗	○	☺
16	Konfliktfähigkeit	○	⊗	⊗	○	☺
17	Kommunikationsfähigkeit	⊗	○	⊗	○	☺
Persönliche Fähigkeiten		☺	☹	☺	☹	
18	Zuverlässigkeit	⊗	○	⊗	○	☺
19	Selbstständigkeit	⊗	○	⊗	○	☺
20	Verantwortungsbewusstsein	⊗	○	⊗	○	☺
21	Leistungsbereitschaft	⊗	○	⊗	○	☺
22	Durchhaltevermögen	⊗	○	⊗	○	☺
23	Pünktlichkeit	⊗	○	⊗	○	☺

Stärken entdecken | 3

Fähigkeiten und Berufsfelder

Viele Berufe haben Gemeinsamkeiten. Sie lassen sich in einem Berufsfeld zusammenfassen. Insgesamt gibt es 15 solcher Berufsfelder.

1
a) Lies dir die Beschreibungen zu den Berufsfeldern bis zu den Berufsbeispielen genau durch.
b) Kreuze im blauen Feld bis zu vier Berufsfelder an, die dich überhaupt nicht interessieren.
c) Überlege, welche sieben Berufsfelder zu dir passen könnten. Erstelle eine Rangfolge. Schreibe die Nummer in die blauen Felder.

Bau, Architektur, Vermessung
Arbeit an Gebäuden und Verkehrswegen: bauen, konstruieren, reparieren, modernisieren, Maschinen bedienen, Baupläne ausarbeiten, Gelände vermessen, rechnen, Kunden beraten ...
Berufsbeispiele: Fliesenleger/in, Gerüstbauer/in, Kanalbauer/in, Tischler/in, Bauzeichner/in ...

Wichtigste Fähigkeiten: Ausdauer [1], Belastbarkeit [2], Geschicklichkeit [3], Sorgfalt [4], Räumliches Denken [5], Rechnerisches Denken [6], Aufmerksamkeit [8], Merkfähigkeit [9], Teamfähigkeit [12]

4

Elektro
Arbeit an Maschinen, Anlagen, Geräten, Computern: prüfen, zusammenbauen, installieren, reparieren, auf Sicherheit achten, Schaltpläne lesen, Computer bedienen, Anlagen erklären ...
Berufsbeispiele: Elektroniker/in, Mechatroniker/in, Informationselektroniker/in ...

Wichtigste Fähigkeiten: Belastbarkeit [2], Geschicklichkeit [3], Sorgfalt [4], Räumliches Denken [5], Rechnerisches Denken [6], Aufmerksamkeit [8], Merkfähigkeit [9], Teamfähigkeit [12]

5

Informatik, Computer
Arbeit mit Computern (Hardware, Software, Netzwerke): programmieren, entwickeln, installieren, Kunden beraten, Lösungen für Kunden finden, immer auf dem neuesten Stand sein ...
Berufsbeispiele: Fachinformatiker/in, IT-System-Elektroniker/in, Informatikkaufmann/kauffrau ...

Wichtigste Fähigkeiten: Ausdauer [1], Sorgfalt [4], Räumliches Denken [5], Rechnerisches Denken [6], Aufmerksamkeit [8], Merkfähigkeit [9], Organisationsfähigkeit [10], Teamfähigkeit [12]

3

Landwirtschaft, Natur, Umwelt
Arbeit mit Pflanzen, Tieren und im Umweltschutz: Tiere aufziehen, füttern und pflegen, pflanzen, gestalten, züchten, mit Maschinen arbeiten, mähen, pflügen ...
Berufsbeispiele: Florist/in, Gärtner/in, Tierpfleger/in, Landwirt/in, Fischwirt/in, Schornsteinfeger/in

Wichtigste Fähigkeiten: Ausdauer [1], Belastbarkeit [2], Sorgfalt [4], Rechnerisches Denken [6], Aufmerksamkeit [8], Merkfähigkeit [9], Organisationsfähigkeit [10]

3 | Stärken entdecken

Dienstleistung
Verantwortung für andere Menschen tragen: beraten, überzeugen, planen, organisieren, am PC arbeiten, pflegen, Fremdsprachen anwenden, Ordnung halten, zupacken, saubermachen ...
Berufsbeispiele: Koch/Köchin, Dolmetscher/in, Friseur/in, Hauswirtschafter/in, Hotelfachfrau/mann

Wichtigste Fähigkeiten: Ausdauer [1], Sorgfalt [4], Rechnerisches Denken [6], Textverständnis [7], Aufmerksamkeit [8], Merkfähigkeit [9], Organisationsfähigkeit [10], Teamfähigkeit [12], Kritikfähigkeit [15]

6

Kunst, Kultur, Gestaltung
Kreative Arbeit mit Materialien, Geräten, Musik oder im Theater: gestalten, handwerklich genau arbeiten, darstellen, musizieren, zeichnen, Computer bedienen, Kunden beraten ...
Berufsbeispiele: Goldschmied/in, Designer/in, Schauspieler/in, Uhrmacher/in ...

Wichtigste Fähigkeiten: Geschicklichkeit [3], Sorgfalt [4], Räumliches Denken [5], Aufmerksamkeit [8], Merkfähigkeit [9], Kreativität [11], Einfühlungsvermögen [14], Kritikfähigkeit [15]

X

Medien
Arbeit mit Texten, Bildern, Filmen, Hörbeiträgen: Ideen entwickeln, Texte schreiben, fotografieren, filmen, verkaufen, Computer bedienen, präsentieren, Kunden beraten ...
Berufsbeispiele: Mediengestalter/in, Drucker/in, Fotograf/in, Videojournalist/in ...

Wichtigste Fähigkeiten: Ausdauer [1], Sorgfalt [4], Räumliches Denken [5], Textverständnis [7], Aufmerksamkeit [8], Organisationsfähigkeit [10], Kreativität [11], Teamfähigkeit [12], Kritikfähigkeit [15]

Metall, Maschinenbau
Metallerzeugung und -bearbeitung: Schmelzofen bedienen, Metall formen, Maschinen programmieren, fräsen, bohren, Schaltpläne lesen und erstellen, reinigen, polieren, reparieren ...
Berufsbeispiele: Gießereimechaniker/in, Werkzeugmechaniker/in, Industriemechaniker/in ...

Wichtigste Fähigkeiten: Ausdauer [1], Belastbarkeit [2], Sorgfalt [4], Räumliches Denken [5], Rechnerisches Denken [6], Aufmerksamkeit [8], Merkfähigkeit [9], Teamfähigkeit [12]

Produktion, Fertigung
Arbeiten mit Rohstoffen (Kohle, Stein, Holz), Papier, Glas, Farben, Textilien, Lebensmitteln: Maschinen bedienen, Kunden beraten, zuschneiden, lackieren, Pläne lesen, rechnen, mischen ...
Berufsbeispiele: Steinmetz/in, Modeschneider/in, Maler/in, Bäcker/in, Baustoffprüfer/in ...

Wichtigste Fähigkeiten: Ausdauer [1], Belastbarkeit [2], Geschicklichkeit [3], Sorgfalt [4], Räumliches Denken [5], Rechnerisches Denken [6], Aufmerksamkeit [8], Merkfähigkeit [9], Kreativität [11], Teamfähigkeit [12], Kritikfähigkeit [15]

X

Technik, Technologie
Arbeiten mit technischen Geräten: Computer steuern, reparieren, prüfen, messen, montieren, einbauen, planen, Werkzeuge und Maschinen einsetzen, technische Zeichnungen lesen, ...
Berufsbeispiele: KFZ-Mechatroniker/in, Technische/r Zeichner/in, Biologielaborant/in ...

Wichtigste Fähigkeiten: Ausdauer [1], Geschicklichkeit [3], Sorgfalt [4], Räumliches Denken [5], Rechnerisches Denken [6], Aufmerksamkeit [8], Merkfähigkeit [9], Teamfähigkeit [12]

2

Stärken entdecken | 3

Naturwissenschaften
Arbeit im Labor: beobachten, genau messen, analysieren, rechnen, Versuche durchführen und auswerten, auf Sicherheit achten, Datenbanken anlegen, Diagramme erstellen und lesen …
Berufsbeispiele: Chemielaborant/in, Werkstoffprüfer/in, Pharmazeutisch-technische Assistentin …

Wichtigste Fähigkeiten: Geschicklichkeit [3], Sorgfalt [4], Rechnerisches Denken [6], Aufmerksamkeit [8], Merkfähigkeit [9], Teamfähigkeit [12], Kritikfähigkeit [15]

Gesundheit
Kranke und behinderte Menschen unterstützen (oft unter Zeitdruck): sauber arbeiten, Berichte schreiben, mit medizinischen Geräten und Hilfsmitteln umgehen, Medikamente verabreichen…
Berufsbeispiele: Rettungsassistent/in, Zahntechniker/in, Masseur/in, Physiotherapeut/in …

Wichtigste Fähigkeiten: Belastbarkeit [2], Sorgfalt [4], Aufmerksamkeit [8], Merkfähigkeit [9], Teamfähigkeit [12], Hilfsbereitschaft [13], Einfühlungsvermögen [14], Konfliktfähigkeit [16]

Verkehr, Logistik
Arbeit mit Fahrzeugen, Verkehrswegen, Lagerung und Transport von Gütern: koordinieren, fahren, sortieren, reparieren, navigieren, organisieren, verwalten, ausliefern, rechnen, Papiere lesen …
Berufsbeispiele: Berufskraftfahrer/in, Bootsbauer/in, Gleisbauer/in, Fachlagerist/in …

Wichtigste Fähigkeiten: Belastbarkeit [2], Sorgfalt [4], Räumliches Denken [5], Rechnerisches Denken [6], Textverständnis [7], Aufmerksamkeit [8], Merkfähigkeit [9], Organisationsfähigkeit [10]

Wirtschaft, Verwaltung
Arbeit in Verkauf und Büro (Unternehmen und Behörden): Schreiben formulieren, Kunden beraten, telefonieren, rechnen, werben, verhandeln, Computer bedienen, verkaufen, Termine koordinieren …
Berufsbeispiele: Bürokauffrau/mann, Fachverkäufer/in, Notarfachangestellte/r …

Wichtigste Fähigkeiten: Sorgfalt [4], Rechnerisches Denken [6], Textverständnis [7], Aufmerksamkeit [8], Merkfähigkeit [9], Organisationsfähigkeit [10], Teamfähigkeit [12], Hilfsbereitschaft [13], Kritikfähigkeit [15]

Soziales, Pädagogik
Arbeiten mit anderen Menschen: Berichte schreiben, pflegen, helfen, beobachten, betreuen, fördern, beraten, planen, organisieren, unterstützen, versorgen, anleiten …
Berufsbeispiele: Altenpfleger/in, Kinderkrankenpfleger/in, Erzieher/in, Sozialhelfer/in …

Wichtigste Fähigkeiten: Ausdauer [1], Sorgfalt [4], Textverständnis [7], Aufmerksamkeit [8], Organisationsfähigkeit [10], Kreativität [11], Teamfähigkeit [12], Hilfsbereitschaft [13], Einfühlungsvermögen [14], Kritikfähigkeit [15], Konfliktfähigkeit [16]

3 | Stärken entdecken

2
a) Welches ist dein „Berufsfeld Nummer 1"?

Gesundheit

b) Begründe, warum du dieses Berufsfeld gewählt hast.

Weil ich andere Menschen helfe

3 Wähle eines der angekreuzten Berufsfelder aus und begründe, warum es für dich nicht in Frage kommt.

Name des Berufsfeldes: _Naturwissenschaft_

Begründung: _Weil Ich das nicht kann_

4
a) Trage auf der Portfolioseite „Mein Berufsfeld Nummer 1" ein, welche Fähigkeiten für dieses Berufsfeld besonders wichtig sind. Sie sind beim jeweiligen Berufsfeld unter „Wichtigste Fähigkeiten" aufgeführt. Einige sind für alle Berufsfelder wichtig. Sie sind bereits auf der Portfolioseite angekreuzt.

> Wenn eine Fähigkeit bei einem Berufsfeld fehlt, heißt das nicht, dass du sie für diesen Beruf nicht brauchst. Es bedeutet nur, dass diese Fähigkeiten nicht zu den wichtigsten für dieses Berufsfeld gehört! Hinweis: Die Ziffern in den eckigen Klammern entsprechen der Nummerierung auf der Portfolioseite.

b) Kreuze in der gelben Spalte die Felder an, bei denen du dir auf der letzten Portfolioseite („Meine Fähigkeiten") einen Smiley ☺ gegeben hast.

c) Überprüfe, ob du die Fähigkeiten mitbringst, die in der grünen Spalte angekreuzt sind. Markiere in der letzten Spalte mit einem „+"-Zeichen, wenn die Angaben übereinstimmen. Trage ein „–"-Zeichen ein, wenn die Angaben nicht übereinstimmen.

5 Überdenke, ob das ausgewählte Berufsfeld zu deinen Fähigkeiten passt. Welche Aussage trifft zu? Kreuze an.

Ich habe fast nur Plus-Zeichen. Das Berufsfeld passt zu mir!

Ich habe ungefähr gleich viele Plus- und Minuszeichen. Da muss ich wohl noch an meinen Fähigkeiten arbeiten.

Ich habe fast nur Minus-Zeichen. Ein anderes Berufsfeld passt vielleicht besser zu mir.

6 Hefte deine Portfolioseiten ab und bearbeite die Selbsteinschätzung auf Seite 10.

Mein Berufsfeld Nummer 1: _____

		Diese Fähigkeiten sind wichtig:	Meine Fähigkeiten	+ passt
Körperliche Fähigkeiten			☺	
1	(Körperliche) Ausdauer	○	○	
2	(Körperliche) Belastbarkeit	⊘	⊘	+
3	Geschicklichkeit/Fingerfertigkeit	○	○	
4	Sorgfalt/Genauigkeit	⊘	⊘	+
Geistige Fähigkeiten			☺	
5	Räumliches Denken	○	○	
6	Rechnerisches Denken	○	○	
7	Textverständnis	○	○	
8	(Dauer-)Aufmerksamkeit	○	○	
9	Merkfähigkeit	⊘	⊘	+
10	Organisationsfähigkeit	○	○	
11	Kreativität	○	○	
Soziale Fähigkeiten			☺	
12	Teamfähigkeit	⊘	⊘	+
13	Hilfsbereitschaft	⊘	○	+
14	Einfühlungsvermögen	⊘	⊘	+
15	Kritikfähigkeit	○	○	
16	Konfliktfähigkeit	⊘	⊕	+
17	Kommunikationsfähigkeit	⊠	○	+
Persönliche Fähigkeiten			☺	
18	Zuverlässigkeit	⊠	⊘	+
19	Selbstständigkeit	⊠	⊘	+
20	Verantwortungsbewusstsein	⊠	○	+
21	Leistungsbereitschaft	⊠	○	+
22	Durchhaltevermögen	⊠	○	+
23	Pünktlichkeit	⊠	⊘	+

4 | Konflikte lösen

Ich werde ...

✗ *erklären, was ein Konflikt ist*
✗ *Konflikte erkennen*
✗ *Lösungsstrategien zur Konfliktvermeidung einsetzen*

1 Vermute, was das Bild eines Vulkans mit einem Konflikt zu tun haben könnte.

„Schon wieder muss ich fegen. Ich explodier' gleich!"

37

4 | Konflikte lösen

Über Gefühle sprechen

Methode: Assoziieren
Assoziieren bebedeutet, dass man mit Hilfe eines Bildes, Symbols oder Satzes über eine Situation nachdenken kann. Es hilft dir, diese Situation zu beschreiben und in Worte zu fassen.

Beispiel:
Du siehst auf dem Schulhof, wie jemand wütend auf einen Mitschüler losgeht. Du denkst: „Der explodiert gleich wie ein Vulkan."
→ Du assoziierst die Wut mit dem Vulkan.

Andere sagen: „Da brodelt es ganz schön.", „Jetzt fliegen die Fetzen!" oder „Wenn ich wütend bin, platzt alles aus mir heraus."

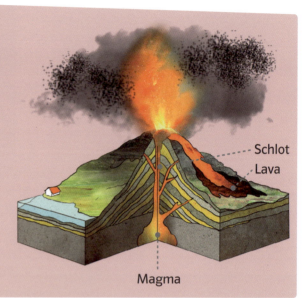

1 Das Bild eines ausbrechenden Vulkans beschreibt das Gefühl der Wut ziemlich gut. Vergleiche beide miteinander. Wie kannst du das Gefühl der Wut beschreiben?

> Assoziieren kommt aus der lateinischen Sprache und bedeutet so viel wie „verbinden" oder „verknüpfen". Beim Assoziieren werden Situationen mit Wörtern oder Bildern verbunden.

Vulkan	Wut
Im Inneren des Vulkans brodelt es. Es herrscht ein hoher Druck.	*er wird agrissiv, sauer, aufgeregt. Schreit, macht alle Fäuste breit.*
Das Magma drückt im Schlot des Vulkans nach oben. Es schießt weit nach oben in die Luft.	*er Rastet aus, losgehen auf die Person, Wütend.*
Abgekühlt fällt es zu Boden. Die Lava strömt am Boden entlang und erkaltet.	*Kommt wieder runter, Ruhig, entspannt. Nicht mehr Wütend.*

2 Welches Bild oder welche Worte fallen dir zum Gefühl **Freude** ein? Zeichne und schreibe auf.

Ich fühle mich gut. Wenn Ich was gutes mache dann bin Ich Glücklich, Freude, lächeln.

Konflikte lösen | 4

Was ist ein Konflikt?

Ein Konflikt ist ein Streit zwischen zwei Akteuren, für den es scheinbar keine Lösung gibt. Akteure können einzelne Personen, Gruppen oder Organisationen sein. Sie haben unterschiedliche Interessen, die sich nicht miteinander vereinbaren lassen. Man nennt dies **Unvereinbarkeit**.

1 Bei den hier beschriebenen Situationen handelt es sich um Konflikte.
a) Beantworte stichpunktartig die Fragen zu den zwei Situationen.
b) Vergleiche deine Ergebnisse mit einer Partnerin oder einem Partner.

Manuel, Johanna und Aman treffen sich am Nachmittag, um an der Spielkonsole zu spielen. Jeder hat ein cooles Spiel mit. Manuel besteht darauf, zuerst sein Spiel zu spielen, weil die Konsole ja ihm gehört: „Ich darf bestimmen. Schließlich seid ihr bei mir." Aman sagt: „Das haben wir letzte Woche erst gespielt, du hast versprochen, dass wir heute ein anderes ausprobieren." Manuel antwortet nur: „Ich will aber gewinnen. Geh doch, wenn es dir nicht passt."

1. Wer ist beteiligt?

Aman und Manuel, Johana

2. Worin besteht die Unvereinbarkeit?

die unvereinbarkeit besteht dass jeder sein eigene Spiel spielen will

Emma macht ein Praktikum bei der Firma Schröter. Jeden Abend muss sie die große Werkstatt fegen. Damit sie schnell fertig wird, kehrt sie nicht gründlich. Der Meister ist mit ihrer Arbeit nicht zufrieden. Emma muss noch einmal kehren. Diesmal schaut der Meister zu. Emma ist wütend, weil sie mit ihren Freunden verabredet ist.

1. Wer ist beteiligt?

Emma, Meister

2. Worin besteht die Unvereinbarkeit?

es besteht dass Emma nicht ordendlich gefegt hat.

2 Hast du schon einmal eine Konfliktsituation erlebt oder beobachtet?
Schildere die Situation und beantworte die zwei Fragen zu diesem Konflikt.
1. Wer war beteiligt?

der jenige der geschlagen wurde und der ihn geschlagen hat.

2. Worin bestand die Unvereinbarkeit?

dass die sich geschritten haben.

4 | Konflikte lösen

Lösungsmöglichkeiten für Konflikte

Aman hat in seiner Situation mehrere Möglichkeiten – davon sind einige gut, andere weniger.

Aman kämpft mit Worten (argumentiert):
- Er überzeugt Manuel, dass sein Spiel interessanter ist.
- Er macht Manuel klar, dass es ungerecht ist, nur sein Spiel zu spielen.

Aman flieht:
- Er geht heim, weil er sich nicht streiten will.
- Er erzählt nicht mehr, wenn er etwas Neues bekommen hat.

Aman verhandelt: Er bietet an:
- Wir spielen die erste Stunde dein Spiel und dann meins.
- Das nächste Mal treffen wir uns bei mir.

Aman erzählt seit einigen Tagen von seinem neuen Computerspiel. Lange hat er darauf gewartet, weil seine Familie nicht so viel Geld hat. Er freut sich darauf, es mit Johanna und Manuel zu spielen. Aber Manuel will nur sein Spiel spielen.

Aman sucht Hilfe:
- Er bittet Johanna, ihm zu helfen.
- Er bittet Manuels Mutter, mit ihm zu reden.

Aman kämpft mit Gewalt:
- Er beschimpft Manuel.
- Er nimmt Manuel in einen Würgegriff.
- Er tritt gegen Manuels Computer.

Aman unterwirft sich:
- Er packt sein Spiel nicht aus und hält einfach den Mund.

1
a) Welche Möglichkeiten führen nicht zu einer dauerhaften Lösung des Konflikts? Begründe deine Einschätzung.

Kampf mit Gewald, das bringt nichts wenn man anstastel und gegen compenter trit, und bleidigt

> Gewalt ist keine Lösung! Behandelt andere immer so, wie ihr selbst behandelt werden möchtet!

b) Welche Lösungsmöglichkeit ist die beste, welche die schlechteste? Legt in der Klasse eine gemeinsame Reihenfolge fest und schreibt die Nummern in die blauen Felder.

Konflikte lösen | 4

2

a) Überlege dir eine Konfliktsituation. Beschreibe sie kurz in der Mitte und suche Beispiele für die verschiedenen Lösungsmöglichkeiten.

> Am besten ist es, du beschreibst eine Situation, die du selbst erlebt hast. Wenn dir keine Situation einfällt, nimm ein Beispiel von Seite 39.

2

mit Worten kämpfen (argumentieren)

Ich überzeuge den Schieri, dass Kein faul Wat und Wir Weiter spielen sollen

fliehen   5

er Verlässt den spiel feld und geht auf Bank

7

verhandeln

Ich hab Verhandele mit schieri dass Ich Kein Gelbe harte bekomme und der gegner kriegt sein faul.

Die Situation:

Ich hatte ein fußball spiel, Ich hab ausverschen ein gegen spieler gefault und der Ge gegen spieler ist ausgerastet und sagt zu schierie dass faul Wat! Ich saqte Nein.

Hilfe suchen   3

Ich holl mir hilfe bei mein Trainer dass der mit Schirie redet und das klärt.

5

mit Gewalt kämpfen

Ich trete den schirie und bleidige ihn und sage dass Kein faul War.

sich unterwerfen

Ich blieb ruhig und hab nichts gesagt.   4

b) Bereite dich auf die Präsentation deiner Situation vor. Überlege, welche Lösung du der Klasse für eine solche Situation empfiehlst. Begründe, warum sie deiner Meinung nach die beste Lösung ist.

41

4 | Konflikte lösen

Konflikte und das Eisbergmodell

Ein Streit ist immer der sichtbare Teil eines Konflikts, den zwei Akteure miteinander haben. Der Auslöser für einen Streit kann vieles sein: ein falsches Wort oder ein falscher Blick zur falschen Zeit. Versteckt, im Hintergrund, brodelt es dann schon lange. Die Ursache eines Konfliktes liegt häufig, wie bei einem Eisberg, unter der Oberfläche verborgen. Man kann nicht sehen, warum es zu einer offenen Auseinandersetzung kommt. Das Gefühl der Wut kann zum Beispiel Ursache für einen Konflikt sein.

1

a) Schätze, welcher Anteil eines Eisbergs unter der Wasseroberfläche verborgen bleibt.

Meine Schätzung: _____

b) Beschreibe, was das Bild mit dem Konflikt zwischen Aman und Manuel zu tun hat.

2

a) Trage die Begriffe auf dem linken Zettel ein. Entscheide jeweils, ob sie über oder unter der Wasseroberfläche stehen sollen.

~~Missverständnis~~, ~~Schlägerei~~, Beschuldigung, besondere Umstände, persönliche Probleme, Gefühle, Vorgeschichte, Bedürfnisse, fehlende Kommunikation, Streit, Beschimpfung

Sichtbarer Konflikt:

Schlägerei, _____

Konflikthintergrund – die Ursachen:

Missverständnis, _____

Mein eigenes Beispiel

_____

b) 👥 Vergleiche deine Lösung mit einer Partnerin oder einem Partner und einigt euch auf eine Zuordnung.

c) 👥 Findet gemeinsam ein anschauliches Beispiel für einen Konflikt. Beschreibt auf der rechten Abbildung zuerst den sichtbaren Teil des Konflikts. Ergänzt dann, was sich unter der Wasseroberfläche verbergen könnte.

42

Konflikte lösen | **4**

Konfliktgespräche führen

1

a) Welche Sätze kann man verwenden, um einen Streit zu vermeiden? Entscheide, welche Sätze einen Streit auslösen können und welche eher „Friedenssätze" sind. Markiere die „Friedenssätze".

Versetz dich doch mal in meine Lage!

Mit der will ich nicht arbeiten!

Du bist so schlampig.

Lass uns darüber reden.

Da bin ich anderer Meinung als du.

Gib mir sofort mein Buch zurück!

Das geht dich gar nichts an!

Ich fühle mich dabei nicht wohl.

Lass uns zusammenarbeiten.

Geh weg!

Du gehst mir auf die Nerven.

b) Finde weitere „Friedenssätze"

_____

_____

_____

_____

_____

c) ⚇ Entscheidet euch für den besten Friedenssatz, schreibt ihn auf einen Papierstreifen und hängt ihn sichtbar im Klassenraum auf.

Methode: win-win-Methode
Manchmal helfen „Friedenssätze" allein nicht aus, um einen Konflikt zu beenden. Die Ursachen dafür liegen dann tief unter der „Wasseroberfläche" versteckt. Bei einem Konfliktgespräch darf es keinen Verlierer geben, sondern nur Gewinner. Die Win-Win-Methode soll helfen, dies zu erreichen.

1. Beruhigen:	Die Beteiligten gehen sich zunächst aus dem Weg. Jeder versucht, seine Gefühle zu ordnen und sich auf ein kurzes Gespräch vorzubereiten.
2. Ich-Botschaft senden:	Du teilst mit – wie du dich fühlst, – warum das so ist und – was du anders haben möchtest.
3. Lösung suchen:	Beide Beteiligten müssen damit einverstanden sein. Manchmal ist es sinnvoll, eine dritte Person in das Gespräch einzubeziehen.
4. Gegenseitig verzeihen:	Reicht euch die Hände und bedankt euch für die Einigung.

Vielleicht gibt es bei euch Streitschlichter. Sie können euch bei größeren Konflikten helfen. Vielleicht möchtest du selbst Streitschlichter werden. Informiere dich, ob dies an deiner Schule möglich ist.

4 | Konflikte lösen

2 Erinnert euch an die Situation zwischen Manuel, Johanna und Aman.
Die drei können sich nicht einigen. Sie werden laut. Die Mutter fühlt sich gestört.

a) Bildet 4 Gruppen. Jede Gruppe beschäftigt sich mit einer Person. Lest die entsprechende Rollenkarte und besprecht:
- Wie kann man die Person darstellen?
- Welche ICH-Botschaft kann die Person senden?

- Welchen Lösungsvorschlag kann die Person machen?

Manuel:
Du bist wütend und unsicher. Einerseits möchtest du dein Spiel spielen und gewinnen. Aber andererseits bist du froh, dass deine Freunde da sind.

Johanna:
Du willst keinen Streit. Du findest es schade, dass sich die Jungs wegen so einer Kleinigkeit streiten. Du willst eigentlich nur anfangen.

Aman:
Du bist stolz auf dein neues Spiel und möchtest es endlich ausprobieren.

Mutter:
Du willst dich von deinem anstrengenden Vormittag erholen und möchtest, dass sich die Kinder in Ruhe einigen.

b) Bildet neue Gruppen, in der jede Person einmal vertreten ist. Übt die Situation als Rollenspiel.

3 Eine Gruppe wird ausgelost, die das Rollenspiel vorspielt. Die anderen beobachten das Geschehen genau und geben ein ehrliches Feedback.

	☺☺	☺	☹	☹☹
Der Konflikt wurde überzeugend dargestellt.				
Die Beteiligten haben sich beruhigt.				
Die Beteiligten konnten überzeugend ICH-Botschaften senden.				
Der Konflikt konnte gelöst werden,				
denn der Lösungsvorschlag lautet:				
Das hat mir gut gefallen:				
Mein Verbesserungsvorschlag:				

4 Bearbeite die Selbsteinschätzung auf Seite 10.

5 | Im Team arbeiten

Ich werde …

✗ *Regeln für eine Gruppenarbeit aufstellen und einhalten*
✗ *eine Funktion in einer Gruppe übernehmen*
✗ *Informationen sammeln und darstellen*
✗ *ein faires Feedback geben*

1 Beschreibe die Situation auf dem Bild.

2 Wie fühlen sich die Personen?

3 Überlege, wie Gruppenarbeit gut funktionieren kann.

„Wir haben heute 75 Personen zu Gast. Nur wenn wir im Team arbeiten, bekommen alle rechtzeitig ihr Essen."

45

5 | Im Team arbeiten

Einen Gruppenfahrplan erstellen

1 Schätze ein, wie gerne du in einer Gruppe eine schulische Aufgabe löst, und begründe deine Meinung.

Gruppenarbeit in der Schule finde ich ...			
○ sehr gut, weil ...	○ gut, weil ...	○ schlecht, weil ...	○ ganz schlecht, weil ...

2

a) 👥 Jede Gruppenarbeit besteht aus drei Phasen: Vorbereitung, Durchführung und Auswertung. Sortiert die Aussagen in die drei Phasen und erstellt so euren „Fahrplan" für die Gruppenarbeit.

> wir besprechen den Arbeitsauftrag – wir beginnen zügig mit der Arbeit – wir überlegen und planen, was zu tun ist – wir überlegen, ob das Ergebnis gut ist – wir arbeiten konzentriert an unserem Arbeitsauftrag – wir verteilen die Aufgaben – wir überlegen, was man am Ergebnis verbessern kann – wir helfen einander – wir überlegen, wie gut die Zusammenarbeit geklappt hat

Vorbereitungsphase	Durchführungsphase	Auswertungsphase

b) 👤 Warum können die Punkte zum Gelingen einer Gruppenarbeit beitragen? Nenne für jeden Punkt eine Begründung.

46

Im Team arbeiten | 5

Regeln aufstellen

Damit die Zusammenarbeit funktioniert, braucht ihr Regeln, die für alle Gruppenmitglieder gelten.

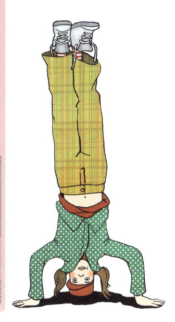

Methode: Kopfstand
Bei der Kopfstandmethode antwortet man auf eine Frage, die genau das Gegenteil von dem erfragt, was man eigentlich haben möchte. Uns fällt es nämlich viel leichter zu sagen, wie wir etwas nicht haben wollen, als umgekehrt.

Beispiel:
Wenn wir wissen wollen, wie die Arbeit in einer Gruppe gut funktioniert, fragen wir: Wie ist es, wenn Gruppenarbeit nicht gut funktioniert?

Die Antwort auf die Frage trägt man in die linke Spalte einer Tabelle ein:	In die rechte Spalte schreibt man dann das genaue Gegenteil.
Gruppenarbeit funktioniert nicht, wenn …	**Gruppenarbeit funktioniert gut, wenn …**
alle durcheinander reden.	jeder den anderen ausreden lässt.
sich niemand für die Aufgabe verantwortlich fühlt.	sich jeder für seinen Teil der Aufgabe und für die Aufgabe als Ganzes verantwortlich fühlt.

1
a) Und jetzt du: Wie sollte Gruppenarbeit nicht aussehen? Denke dir weitere Punkte aus und notiere dann, wie Gruppenarbeit gut funktioniert.

Gruppenarbeit funktioniert nicht, wenn …	Gruppenarbeit funktioniert gut, wenn …
die meiste Zeit von etwas anderem geredet wird.	
alle durch die Klasse laufen.	

b) Vergleicht und diskutiert eure Ergebnisse. Bereitet euch auf eine Präsentation vor der Klasse vor.

5 | Im Team arbeiten

Funktionen verteilen

Zeitwächter/in, Materialholer/in, Regelwächter/in, Protokollant/in, Gruppenleiter/in

1
a) Bei einer Arbeitsgruppe hat jedes Gruppenmitglied eine bestimmte Sonderfunktion. Ordne die Funktionen den Schülerinnen und Schülern in der Zeichnung zu.
b) Welche Aufgabe hat deiner Meinung nach jede Funktion? Ordne die Funktionen den Aufgaben zu und schreibe sie in die erste Spalte der Tabelle.

Funktion	Aufgabe
	… achtet auf die zur Verfügung stehende Zeit und überprüft, ob die Zeitvorgaben eingehalten werden.
	… schlichtet Streit in der Gruppe und überprüft, ob die Gruppenregeln eingehalten werden.
	… liest die Aufgabe laut vor und leitet die Besprechung der Ergebnisse.
	… bearbeitet den Gruppenfahrplan und notiert bei der Auswertung der Gruppenarbeit die Ergebnisse.
	… holt die benötigten Materialien und bringt sie zurück.

2
a) Nun seid ihr dran: Bildet 5er-Gruppen. Wer übernimmt welche Funktionen?

Meine Funktion: _____

b) Die Gruppenleiterin oder der Gruppenleiter liest den Arbeitsauftrag für die Gruppenarbeit vor.
c) Besprecht den Auftrag und legt fest, welches Berufsfeld ihr bearbeiten wollt.

Unser Berufsfeld: _____

Arbeitsauftrag für die Gruppenarbeit:
Gestaltet ein Lernprodukt zu einem der Berufsfelder auf den Seiten 31 bis 33. Das Lernprodukt soll eure Mitschülerinnen und Mitschüler über folgende Inhalte aufklären:
- An welchen Orten wird gearbeitet?
- Welche Tätigkeiten sind typisch?
- Welche Arbeitsmittel werden eingesetzt?
- Welche Fähigkeiten braucht man?
- Was für Besonderheiten gibt es?
- Erstellt eine „Hitliste" mit euren 10 Lieblingsberufen aus diesem Berufsfeld.

Im Team arbeiten | 5

Informationen sammeln

Ihr habt die Regeln geklärt, die Funktionen in der Gruppe verteilt und die Aufgabe besprochen. Jetzt geht es an die Informationsbeschaffung und die Informationsverarbeitung. Am Schluss sollt ihr die Informationen übersichtlich in einem Lernprodukt darstellen, z. B. einem Plakat, einer Folie oder auch einem Info-Blatt für die Mitschüler.

> **Die Informationsbeschaffung**
>
> Als Informationsquellen dienen Lexika, Bücher, Zeitschriften oder das Internet. Ihr könnt auch Spezialisten befragen, die sich mit dem Thema gut auskennen. In der Gruppe solltet ihr in der Planungsphase gut überlegen, welche Quellen ihr nutzen möchtet. Manchmal erweist sich eine Kombination aus mehreren Informationsquellen als beste Lösung. Je nachdem, welche Quelle zur Verfügung steht, müsst ihr Suchbegriffe festlegen, Internetadressen finden, Fragebögen entwerfen, Telefonnummern heraussuchen und Termine für Gespräche vereinbaren.
> Ratsam ist es, die Informationsbeschaffung zeitlich zu begrenzen. So müsst ihr euch auf das Wesentliche konzentrieren. Die Gruppenmitglieder berichten sich gegenseitig über die gefundenen Informationen und fassen alles zusammen. Gemeinsam legt ihr fest, welche Informationen auf das Lernprodukt übertragen werden.

1
a) Lies den Text und markiere Wesentliches zur Informationsbeschaffung mit Bleistift und Lineal.
b) Vergleicht die Markierungen in eurer Gruppe. Legt gemeinsam die Schlüsselbegriffe fest, die ihr anschließend mit einem Textmarker markiert.

2 Zurück zum Arbeitsauftrag für eure Gruppenarbeit:
a) Entscheidet, aus welchen Quellen ihr Informationen beschaffen wollt und wer für welche Informationsquelle zuständig ist. Erarbeitet die notwendigen Informationen und macht euch Stichpunkte auf Notizblättern.
Folgende Informationsquellen könnt ihr benutzen:

> Wenn ihr Informationen im Internet recherchiert, speichert sie im Ordner „Berufe" ab.

Online-Link 103610-0049	BERUFENET	BERUF AKTUELL	BiZ
Über den Online-Link gelangt ihr zu unterschiedlichen Informationsquellen für die Recherche zu den Berufsfeldern.	Im Berufenet der „Bundesagentur für Arbeit" könnt ihr euch Berufe nach Berufsfeldern geordnet anzeigen lassen.	Auch in der Broschüre „Berufe aktuell" sind die Berufe nach Berufsfeldern geordnet dargestellt.	Im „Berufsinformationszentrum (BiZ)" stehen euch Experten für eine Befragung sowie Infomappen zur Verfügung.

b) Besprecht in der Gruppe eure Ergebnisse und sammelt die wichtigsten Stichpunkte.

5 | Im Team arbeiten

Informationen darstellen

Nachdem ihr die Informationen gesammelt habt, müsst ihr sie ordnen. Dabei solltet ihr überlegen, wie ihr das Wissenswerte strukturieren könnt. Hierbei kann euch eine Aufzählung, eine Tabelle oder eine Mind-Map helfen.

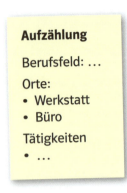

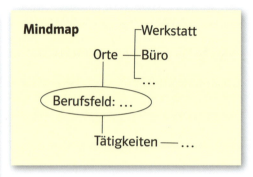

1 👥 Zurück zum Arbeitsauftrag für eure Gruppenarbeit: Ordnet die Informationen, die ihr zu eurem Berufsfeld gefunden habt. Nutzt einen der oben genannten Vorschläge zur Strukturierung.

2 👥

a) Entscheidet euch, welches Lernprodukt entstehen soll.
○ Plakat
○ Folie
○ Infoblatt
○ eigene Idee: _____

b) Entscheidet, wie die Informationen auf eurem Lernprodukt angeordnet sein sollen. Macht einen Entwurf, bevor ihr mit der endgültigen Herstellung beginnt. Kontrolliert, ob alle wichtigen Informationen enthalten und richtig dargestellt sind.

> 💡 Nehmt eure Funktion in der Gruppe wahr. Wenn ihr nicht mehr genau wisst, welche Aufgaben dazu gehören, schaut auf Seite 48 nach.

Achtet bei der Erstellung eures Lernprodukts auf die folgenden Punkte:
- eine Überschrift – am besten in Großbuchstaben
- eine fehlerfreie, große und gut lesbare Schrift
- eine freundliche und übersichtliche Gestaltung
- ein gutes Verhältnis zwischen Bildern und Texten
- sauberes Arbeiten

c) Erstellt euer endgültiges Lernprodukt.

3 🧍 Stellt die Gruppenergebnisse der Klasse vor.

Im Team arbeiten | 5

Eine Gruppenarbeit auswerten

Die Auswertungsphase

In der Auswertungsphase geht es zunächst um das entstandene Lernprodukt. Dabei beurteilt ihr den Inhalt (sind die Informationen richtig und vollständig?) und die Qualität der Ausführung. Außerdem werft ihr einen Blick auf die Arbeit eurer Gruppe: Wie gut konnte sich die Gruppe organisieren? Was hat jeder Einzelne eingebracht?

Ganz wichtig ist hierbei, andere zu respektieren und eine faire Kritik zu äußern, also niemanden zu beleidigen und persönlich anzugreifen. Aussagen wie „Das war doch totaler Quatsch!" oder „Mit dem kann das nichts werden!" sind verletzend und bringen niemanden weiter. Beginne immer mit etwas Positivem. Anschließend nennst du etwas, das verbessert werden kann.

> Um niemanden zu verletzen, ist es besser, den Satz mit „Ich" zu beginnen.
> Statt zu sagen: „Du musst schöner schreiben." ist es besser zu sagen: „Ich schlage dir vor, schöner zu schreiben."

1

a) Welche zwei Bereiche sollten bei der Auswertung der Gruppenarbeit eine Rolle spielen? Markiere sie im Text.

b) Welche Aussagen sind fair? Kreuze an.

> Wäre Thomas nicht in der Gruppe gewesen, hätte es besser geklappt.

> Martin schreibt so undeutlich!

> Eure Teamarbeit scheint nicht funktioniert zu haben, da kam ja nur Blödsinn raus.

> Ich wäre da etwas anders vorgegangen.

> Ich hätte es besser gefunden, wenn du uns ein Bild dazu gezeigt hättest.

c) 👥 Vergleiche dein Ergebnis mit einer Partnerin oder einem Partner. Wie hätte man die „unfairen" Aussagen anders ausdrücken können?

2 👥 Wertet euer Lernprodukt mit Hilfe der Tabelle aus und besprecht die Ergebnisse.

	😊😊	😊	☹️	☹️☹️	
Überschrift und Texte sind groß genug, fehlerfrei und gut lesbar.	4	3	2	1	Die Schrift ist zu klein, voller Fehler und schlecht lesbar.
Die Gestaltung ist übersichtlich und farblich gut abgestimmt.	4	3	2	1	Die Gestaltung ist unübersichtlich und eintönig.
Texte und Bilder wechseln sich ab und sind gut verteilt.	4	3	2	1	Texte oder Bilder fehlen. Die Platzeinteilung ist schlecht.
Es wurde sauber gearbeitet.	4	3	2	1	Es wurde unsauber gearbeitet.
Gesamtpunktzahl für unser Lernprodukt:					

51

5 | Im Team arbeiten

3 Werte nun eure Gruppenarbeit aus. Schreibe in die erste Spalte die Namen der Gruppenmitglieder. Kreise ein, wie viele Punkte du jeweils vergibst (je höher die Anzahl der Punkte, desto zufriedener warst du mit der Arbeit des jeweiligen Gruppenmitglieds).

Name	Wie gut hast du deine/er seine/sie ihre Gruppenfunktion wahrgenommen?				Wie zufrieden bist du mit deinem/seinem/ihrem Beitrag zur Gruppe?			
ich	4	3	2	1	4	3	2	1
	4	3	2	1	4	3	2	1
	4	3	2	1	4	3	2	1
	4	3	2	1	4	3	2	1
	4	3	2	1	4	3	2	1

Name	Wie stark hast du dich/er sich/sie sich an der Herstellung des Lernproduktes beteiligt?				Gesamtpunktzahl: Zähle für jedes Gruppenmitglied alle Punkte zusammen.
ich	4	3	2	1	
	4	3	2	1	
	4	3	2	1	
	4	3	2	1	
	4	3	2	1	

4 👥 Vergleiche die Punktzahl, die du dir selbst gegeben hast, mit den Punkten, die du von den anderen in deiner Gruppe bekommen hast.

So viele Punkte habe ich mir selbst gegeben:	Punkte von _____ Name	Punkte von _____ Name	Punkte von _____ Name	Punkte von _____ Name

Ich bin mit der Einschätzung zufrieden/nicht zufrieden, weil:

_____

Das hat mir an der Gruppenarbeit besonders gut gefallen:

_____

Das möchte ich das nächste Mal besser machen:

_____

5 Bearbeite den Selbsteinschätzungsbogen auf Seite 11.

6 | Verantwortung tragen

Ich werde ...

- ✗ wirtschaftliche Grundbegriffe erklären
- ✗ den Aufbau eines Unternehmens beschreiben
- ✗ die Abteilungen einer Schülerfirma kennenlernen
- ✗ in einer Schülerfirma arbeiten können

1 Beschreibe die Schulhofszene.
2 Wie könnte das Problem gelöst werden?

„Die Arbeit im Fahrradladen kenne ich schon aus unserer Schülerfirma ..."

6 | Verantwortung tragen

Wirtschaftliche Grundbegriffe kennenlernen

Was ist eine Schülerfirma?

Julie, Toni und Robin wollen einen Pausenverkauf mit Frühstück und Schulmaterial organisieren. Sie haben eine **Geschäftsidee** für eine Schülerfirma und wollen mit dem Pausenverkauf Geld verdienen. Auf die Geschäftsidee für die Firma kamen die drei, weil sie denken, dass viele Schüler den Wunsch (das **Bedürfnis**) haben, sich in der Pause ein Frühstück oder Schulmaterialien zu kaufen und dafür auch Geld auszugeben. Man kann auch sagen: es gibt eine **Nachfrage** nach Pausenfrühstück oder Schulmaterialien an ihrer Schule. Mit ihrem **Angebot** wollen sie darauf reagieren.

Eine Schülerfirma funktioniert fast wie ein richtiges Unternehmen. Hier wird geplant, eingekauft, produziert und verkauft. Geld wird eingenommen und ausgegeben und ihr selbst arbeitet an verschiedenen Stellen mit. Ziel jedes Unternehmens ist es, einen **Gewinn** zu erwirtschaften. Gewinn entsteht, wenn mehr Geld eingenommen als ausgegeben wird. Das eingenommene Geld nennt man auch **Umsatz**. In einer Schülerfirma können unterschiedliche **Güter** angeboten werden. Güter teilt man ein in **Waren** und **Dienstleistungen**. Eine Ware ist ein Gut, das man anfassen oder lagern kann, z. B. ein Handy oder eine Zahnbürste. Bei einer Dienstleistung steht die Leistung einer Person im Vordergrund, z. B. bei einem Haarschnitt oder einer Nachhilfestunde. Eine Dienstleistung kann man nicht lagern.

1
a) Was bedeuten die folgenden Begriffe?

Bedürfnis: _____

Angebot: _____

Nachfrage: _____

Güter: _____

Ware: _____

Dienstleistung: _____

b) Erklärt euch die Begriffe gegenseitig und nennt Beispiele.

c) Beschreibt mit eigenen Worten den Unterschied zwischen Umsatz und Gewinn.

_____

_____

d) Was passiert, wenn mehr Geld ausgegeben als eingenommen wird?

_____

_____

54

Verantwortung tragen | 6

Abteilungen in einem Unternehmen

Der Aufbau eines Unternehmens

Für die Gründung einer Schülerfirma müsst ihr wissen, wie ein Unternehmen aufgebaut ist. Meistens gibt es einen Geschäftsführer an der Spitze. Darunter gibt es unterschiedliche Abteilungen mit bestimmten Arbeitsfeldern und Aufgaben. Große Abteilungen haben jeweils eine Abteilungsleiterin oder einen Abteilungsleiter. Viele Unternehmen halten den Aufbau ihres Unternehmens in einer Zeichnung fest, die man **Organigramm** nennt.

Alle Abteilungen eines Unternehmens können einem der drei Bereiche Beschaffung, Produktion und Absatz zugeordnet werden. Zum Bereich **Beschaffung** gehören die Personalabteilung (sie „beschafft" die Mitarbeiter), die Finanzabteilung (sie „beschafft" die Gelder) und die Einkaufsabteilung (sie „beschafft" die Materialien).
Die Produktionsabteilung stellt die Waren oder Dienstleistungen her und wird dem Bereich **Produktion** zugeordnet.
Die Werbeabteilung macht die Kunden auf die Produkte der Schülerfirma aufmerksam, die Verkaufsabteilung bringt sie an die Kunden. Beide zusammen sorgen für den nötigen **Absatz** (= Verkauf) der angebotenen Waren und Dienstleistungen.

1 Organigramm eines Unternehmens

---

1 Ordne die Tätigkeiten den Bereichen Beschaffung, Produktion und Absatz zu.

Material einkaufen	○ Beschaffung	○ Produktion	○ Absatz
Brötchen verkaufen	○ Beschaffung	○ Produktion	○ Absatz
Holz zusägen	○ Beschaffung	○ Produktion	○ Absatz
Wechselgeld zurückgeben	○ Beschaffung	○ Produktion	○ Absatz
Brötchen belegen	○ Beschaffung	○ Produktion	○ Absatz
Bestellscheine ausfüllen	○ Beschaffung	○ Produktion	○ Absatz
Kunden bedienen	○ Beschaffung	○ Produktion	○ Absatz
Mitarbeiter einstellen	○ Beschaffung	○ Produktion	○ Absatz
Werbeflyer erstellen	○ Beschaffung	○ Produktion	○ Absatz
Bauteile montieren	○ Beschaffung	○ Produktion	○ Absatz

6 | Verantwortung tragen

Jede Abteilung hat bestimmte Aufgaben. Da die Aufgaben sehr vielfältig sind, müssen die Mitarbeiter in den einzelnen Abteilungen über ganz unterschiedliche Stärken und Fähigkeiten verfügen.

2

a) Lies dir die Beschreibungen der Mitarbeiter auf der nächsten Seite durch.
- Unterstreiche die **Tätigkeiten**, die für die Abteilung typisch sind, mit einem blauen Stift.
- Unterstreiche die **Fähigkeiten**, die für die Arbeit in der jeweiligen Abteilung wichtig sind, mit einem roten Stift.

b) Vergleicht eure Markierungen und korrigiert sie wenn nötig.

Robin Seeberg, Geschäftsführung:
„Ich bin Geschäftsführer unserer Schülerfirma und trage die Verantwortung dafür, dass das Unternehmen gut organisiert ist. Dazu muss ich Sitzungen einberufen und leiten. Gemeinsam mit den Mitarbeiterinnen und Mitarbeitern muss ich alle wichtigen Entscheidungen treffen. Für meine Aufgaben ist es wichtig, dass ich selbstbewusst, entscheidungsfreudig und verantwortungsbewusst bin."

Julie Szerba, Personalabteilung:
„Meine Aufgabe ist es, bei der Besetzung neuer Stellen die geeigneten Personen aus den Bewerbern auszuwählen. Wenn es Probleme oder Streit gibt, helfe ich. Wenn es gar nicht anders geht, muss ich auch manchmal einen Mitarbeiter verwarnen oder im schlimmsten Fall sogar entlassen. Für diese Arbeit brauche ich eine gute Kommunikations- und Konfliktfähigkeit. Außerdem muss ich Textverständnis haben, z. B. beim Erstellen von Verträgen."

Aylin Alatan, Finanzabteilung
„Ich schreibe alle Einnahmen und Ausgaben in ein Buch und rechne aus, wie viel Geld uns zur Verfügung steht und ob wir einen Gewinn erwirtschaften. Ich zahle Geld auf unser Schülerfirmen-Konto ein oder tätige Überweisungen. Dafür muss ich zuverlässig, genau und gut in Mathematik sein. Mit dem Geld der Schülerfirma muss ich verantwortungsbewusst umgehen."

Toni Petrow, Werbeabteilung
„In der Werbeabteilung sind Ideenreichtum und Überzeugungsfähigkeit gefragt, damit wir die Kunden für unsere Produkte begeistern können. Die Erfindung eines passenden Firmennamens mit Logo und Werbespruch verlangt viel Kreativität, ebenso die Gestaltung von Anzeigen, Zeitungsmeldungen, Werbeplakaten, Flyern und unserem Internetauftritt."

Verantwortung tragen | 6

Lisa Meier, Einkaufsabteilung
„Ich beschaffe alles, was wir für die Herstellung und den Verkauf unserer Produkte brauchen. Es ist meine Aufgabe, günstige Preise zu ermitteln und den Einkauf zu organisieren. Dazu muss ich oft telefonieren oder E-Mails schreiben. Ich muss gut kommunizieren können, aufmerksam und zuverlässig sein."

Mesut Biram, Produktionsabteilung
„In unserer Schülerfirma produzieren wir Stifteboxen aus Holz. Ich lese die Konstruktionszeichnungen, montiere Einzelteile und bediene verschiedene Maschinen. In der Produktion brauche ich viel Geschicklichkeit und technisches Verständnis, außerdem Genauigkeit, sonst passen die Einzelteile nicht zusammen."

Raphael Schmidt, Verkaufsabteilung
„Ich sorge für einen guten Kontakt zu unseren Kunden und dafür, dass die Waren pünktlich dort ankommen. Ich nehme Bestellungen entgegen, telefoniere mit Kunden und schreibe E-Mails. Manchmal muss ich auch Reklamationen entgegennehmen. Gerade wenn wir unsere Waren direkt verkaufen, brauche ich Kommunikations- und Überzeugungsfähigkeit. Ich muss zuverlässig und konfliktfähig sein."

3

a) Überlege dir, wo du am liebsten arbeiten würdest und welche Abteilungen außerdem in Frage kommen.

Meine Wunsch-Abteilung: _____

Alternativen: _____

Methode: Stationenlernen

Auf den folgenden Seiten findest du sieben Stationen. Bei jeder Station werden die Aufgaben einer Abteilung genauer beschrieben und kleine Übungen vorgestellt.

So geht ihr vor:
1. In einer Gruppe wirst du jede Station bearbeiten. Die Zeit, die euch dafür insgesamt zur Verfügung steht, wird von der Lehrerin/dem Lehrer festgelegt.
2. Löst gemeinsam die anstehenden Aufgaben der Abteilung.
3. Kontrolliert eure Lösungen mit den Lösungskarten. Die Lösungen findet ihr bei eurer Lehrerin/eurem Lehrer.
4. Achtet darauf, dass jeder die Gruppenergebnisse in das **starke**Seiten-Arbeitsheft überträgt.

1 Die Stationen befinden sich im Heft. Die Reihenfolge der Bearbeitung ist beliebig.

6 | Verantwortung tragen

Station 1: Die Geschäftsführung

Zu Robins wichtigsten Aufgaben als Geschäftsführer gehört es, zusammen mit seiner Stellvertreterin regelmäßig Sitzungen aller Mitglieder der Schülerfirma zu organisieren und zu leiten. Nach jeder Sitzung wird ein Protokoll erstellt und an alle verteilt.

1 „Auf den Sitzungen werden alle wichtigen Entscheidungen gefällt. Die einzelnen Abteilungen berichten hier von ihrer Arbeit."

So bereitet die Geschäftsführung eine Sitzung vor:	erledigt?
14 Tage vor der Sitzung: Sitzungstermin organisieren	
→ Termin festlegen (Datum, Uhrzeit, Ort)	✓
10 Tage vor der Sitzung: Tagesordnung festlegen	
→ Was soll besprochen werden? (Zeit für die Berichte und Präsentation der Ergebnisse aus den verschiedenen Abteilungen einplanen!)	✓
→ Welche Entscheidungen müssen getroffen werden?	✓
→ Welche Medien oder Materialien werden benötigt? (bei Abstimmungen z. B. Kulis, Stimmzettel usw. bereitstellen)	✓
→ Einladung und Tagesordnung schreiben und verteilen	
Während der Sitzung:	
→ Anwesenheit überprüfen	✓
→ Ergebnisse in Stichpunkten für das Protokoll notieren	✓
→ Bei neuen Aufgaben notieren, wer verantwortlich ist	✓
→ Ergebnisse der Abstimmungen und Entscheidungen notieren	✓
Bis eine Woche nach der Sitzung:	
→ Protokoll erstellen und verteilen	

Online-Link
103610-0058

1 👥 Robin möchte die Teilnehmer/innen der Schülerfirma am 30. Februar zwischen 14:00 und 15:30 Uhr zu einer Sitzung in Zimmer 108 einladen. Er möchte unbedingt das Firmenlogo zur Abstimmung stellen und den Produktionsplan für die Stifteboxen besprechen. Verfasst eine Einladung auf einem Extrablatt oder mit dem Computer (siehe Online-Link).

58

Verantwortung tragen | 6

Alle Ereignisse während der Sitzung werden protokolliert. Dazu schreibt ihr ein **Ergebnisprotokoll**. Aus dem Protokollkopf sollte hervorgehen, um welche Sitzung es sich handelt (z. B. Ort, Datum, Teilnehmer). Dann werden die Ergebnisse in der Reihenfolge der behandelten Tagesordnungspunkte aufgeschrieben. Am Schluss wird das Protokoll unterschrieben. Alle Protokolle sollten gesammelt und aufbewahrt werden.

Im Protokollkopf steht:
- der Anlass
- die Teilnehmer
- Datum und Uhrzeit
- der Name des/der Protokollierenden

Hinweise für den Hauptteil:
- Mache dir während der Sitzung Stichpunkte.
- Trenne Wichtiges von Unwichtigem, halte nur wichtige Ergebnisse fest.
- Formuliere knapp, aber genau.
- Verwende das Präsens.

2 Mesut muss während der Sitzung (siehe Aufgabe 1) das Protokoll schreiben. Es waren alle Teilnehmer anwesend außer Lisa. Nach der Begrüßung wurde über das Logo der Schülerfirma abgestimmt, das von Toni aus der Werbeabteilung vorgestellt wurde. Per Handzeichen wurde abgestimmt und die Ergebnisse an der Tafel notiert. Vervollständigt Mesuts Protokoll.

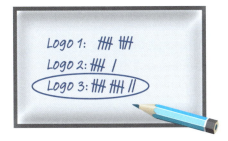

Weitere Aufgaben der Geschäftsführung:
- einen Geschäftsbericht schreiben.
- die Schülerfirma nach außen vertreten
- kontrollieren, ob Beschlüsse eingehalten wurden
- Verhandlungen führen

Ergebnisprotokoll der Sitzung Nummer 3

Datum: _____ Uhrzeit: _____

Ort: _____

Teilnehmer: _____
_____

Protokollant: _____

TOP 1: *Begrüßung*

Robin Seeberg eröffnet die Sitzung und begrüßt die Teilnehmer. Anschließend wird die Anwesenheit kontrolliert.

TOP 2: _____

59

6 | Verantwortung tragen

Station 2: Die Werbeabteilung

Bevor die Schülerfirma mit der Arbeit beginnen kann, muss ein Name gefunden werden. Aufgabe der Werbeabteilung ist es, den Mitgliedern der Firma Vorschläge zum Firmennamen und Firmenlogo vorzulegen, damit sie darüber abstimmen können.

1 „Durch den Firmennamen und unser Logo erkennen unsere Kunden die Firma sofort wieder. Beides steht für unsere gute Qualität."

Tipps für die Suche nach einem Firmennamen:
- Sucht einen Namen, der kurz, leicht verständlich und leicht auszusprechen ist. Ihr könnt:
  – neue Worte erfinden (z. B. Hakuli)
  – Wörter zusammensetzen (z. B. Bürofix)
  – gleich klingende Wörter verwenden (z. B. MacSnack …)
  – Wörter aus einer anderen Sprache benutzen (z. B. eat & work …)
  – Abkürzungen verwenden (z. B. Büro + Riegel = Bürie)
- Der Name sollte einen Bezug zu eurer Geschäftsidee haben.
- Benutzt keine Namen oder Abkürzungen, die schon etwas anderes bedeuten oder schon von anderen verwendet werden (überprüft das mit einer Internetsuchmaschine!).
- Nehmt nicht den Namen eines Produktes, vielleicht entscheidet ihr euch, später noch andere Produkte anzubieten.

1 👥 Sucht einen Namen für die Schülerfirma von Julie, Toni und Robin.
a) Notiert zunächst einzeln alle Namen, die euch spontan einfallen, auf je einen Zettel oder eine Karte. Legt dann alle Vorschläge offen auf den Tisch. Wählt die vier besten Vorschläge aus.

b) 👥 Einigt euch auf einen Firmennamen.

Verantwortung tragen | **6**

2

a) Entwickle zwei verschiedene Logos für die Schülerfirma. Fertige zunächst mit dem Bleistift Skizzen in den freien Feldern an. Beachte die Tipps zur Gestaltung.

Tipps für die Gestaltung eures Logos:
- Der Bezug zum Firmennamen oder der Geschäftsidee sollte deutlich werden.
- Das Logo sollte auch in kleiner Darstellung (z. B. in einem Briefkopf) wirken. Beschränkt euch deshalb auf die Darstellung wesentlicher Dinge durch einfache Formen und klare Linien.
- Ein Logo sollte auch von einiger Entfernung erkennbar sein.
- Stellt Formen und Farben so zusammen, dass keine Verwechslungen mit schon vorhandenen Firmenlogos auftreten.

b) Stellt eure Entwürfe in der Gruppe vor und erklärt, warum ihr die Logos so gestaltet habt.

c) Entscheidet euch für ein Logo, zeichnet es sauber in das Feld und begründet, warum ihr es gewählt habt.

Unser Logo: Begründung:

Weitere Aufgaben der Werbeabteilung:
- Einen Briefkopf für Firmenbriefpapier erstellen
- Flyer, Plakate und Werbematerialien erstellen
- Zeitungsmeldungen schreiben
- Visitenkarten, Stempel und Mitarbeiterausweise erstellen

6 | Verantwortung tragen

Station 3: Die Personalabteilung

1 „Wenn sich jemand nicht an die Regeln hält, schreibe ich eine Verwarnung oder Abmahnung."

Julie kümmert sich um die Mitarbeiterinnen und Mitarbeiter der Schülerfirma. Für jeden Mitarbeiter wird – genau wie in einem „richtigen" Unternehmen – ein **Arbeitsvertrag** erstellt. Aus dem Arbeitsvertrag gehen der Name der/des Angestellten, die Funktion und die Arbeitsbedingungen hervor.

1

a) Fabian Baum aus der Klasse 8a wird am 1. März 2011 als Produktionshelfer in der Produktionsabteilung der Schülerfirma „eat & work" eingestellt. Tragt die Angaben in den Arbeitsvertrag ein.

b) Ein Arbeitsvertrag besteht aus mehreren Paragrafen (§). Ordnet die Überschriften den entsprechenden Abschnitten zu.

> Arbeitsleistung – Beginn des Arbeitsverhältnisses – Kündigung – Urlaub/Beurlaubungen – Vergütung – Verwarnungen und Abmahnungen

---

Arbeitsvertrag

Zwischen der Schülerfirma _____

und dem Mitarbeiter _____

Der Mitarbeiter übernimmt die folgende

Funktion: _____

§ 1 _____

_____

Das Arbeitsverhältnis beginnt am _____ .

§ 2 _____

Der Arbeitnehmer ist verpflichtet, Aufgaben der Schülerfirma pünktlich und ordentlich zu erledigen. Wenn die Erledigung von Aufgaben nicht rechtzeitig und wie besprochen erfolgt, der Schülerfirma Schaden entsteht und/oder die Zusammenarbeit gestört wird, wird eine Verwarnung oder Abmahnung ausgesprochen.

§ 3 _____

Wenn ein Gewinn entsteht, werden alle Mitarbeiterinnen und Mitarbeiter der Schülerfirma am Ende eines Geschäftsjahres daran beteiligt (z. B. durch gemeinsame Unternehmungen).

§ 4 _____

_____

Wird ein vereinbarter Termin nicht eingehalten oder fehlt der Mitarbeiter unentschuldigt bei Firmensitzungen oder anderen Veranstaltungen, gibt es eine schriftliche Verwarnung. Nach drei Verwarnungen erfolgt die Abmahnung. Nach zwei Abmahnungen erfolgt die Kündigung.

§ 5 _____

Der Urlaub für alle Mitarbeiter ist während der gesetzlichen Ferien- und Feiertage. Beurlaubungen, z. B. bei Leistungsabfall in den Unterrichtsfächern, sind möglich.

§ 6 _____

Der Ausstieg aus der Firma erfolgt über eine schriftliche Kündigung bei der Geschäftsführung. Die Kündigungsfrist beträgt sechs Wochen.

Datum: _____

Julie Szerba
Personalabteilung

_____
Mitarbeiter/in

Verantwortung tragen | 6

2 In einer Schülerfirma kann vieles passieren, um das sich die Personalabteilung kümmern muss.

a) Überlege, was in den folgenden Fällen zu tun ist. Schreibe deine Vorschläge in die rechte Spalte.

Wenn ...	Dann ...
... eine Mitarbeiterin oder ein Mitarbeiter kündigt.	
... neue Mitarbeiter bei der Schülerfirma mitmachen wollen.	
... sich Mitarbeiter nicht an die vereinbarten Regeln halten.	

b) Vergleicht und vervollständigt eure Eintragungen.

3 Michael fehlt häufig unentschuldigt bei Gruppensitzungen. Er hat bereits drei Verwarnungen bekommen. Bei der letzten Sitzung am 1. Juni hat er schon wieder gefehlt. Nun bekommt er eine Abmahnung. Schreibt eine Abmahnung für Michael.

Betreff: 3. Verwarnung

Neustadt, am _____

Lieber Michael,
weil du zum dritten Mal unentschuldigt bei einer Gruppensitzung gefehlt hast, sprechen wir dir hiermit eine Verwarnung aus. Um die Arbeitsabläufe nicht zu stören und mit Rücksicht auf alle Mitarbeiter, die an den Sitzungen teilnehmen, können wir ein solches Verhalten nicht hinnehmen.

Wir weisen dich ausdrücklich darauf hin, dass nach weiteren Verwarnungen eine Abmahnung und später die Kündigung drohen.

Mit freundlichen Grüßen,

Julie Szerba

Weitere Aufgaben der Personalabteilung:
- einen Fragebogen zur Zufriedenheit der Mitarbeiterinnen und Mitarbeiter erarbeiten
- Mitarbeiterdaten verwalten
- Weiterbildungen zu bestimmten Themen organisieren ...

6 | Verantwortung tragen

Station 4: Die Einkaufsabteilung

Als Leiterin der Einkaufsabteilung beschafft Lisa alle benötigten Materialien und Waren, damit die Geschäftsidee gut umgesetzt werden kann. Es ist ihr Job, günstige Preise zu ermitteln und die Materialien zu bestellen.

1 „Für die Schülerfirma muss ich Schreibwaren, verpackte Snacks sowie das Material für die Produktion von Stifteboxen und Stiftemäppchen einkaufen. Die Liste bekomme ich von der Produktionsabteilung."

Methode: Preise vergleichen
Um günstig einkaufen zu können, ist es wichtig, die Preise verschiedener Anbieter zu vergleichen.
1. **Produktwunsch klären:** Legt fest, was genau ihr kaufen wollt und welche Qualität das gewünschte Produkt haben soll. Informiert euch in Zeitungen, Prospekten, bei Händlern oder im Internet.
2. **Angebote einholen:** Erfragt die Preise für das gewünschte Produkt. Wenn ihr eine größere Menge kauft, versucht Rabatte (also Preisnachlässe) herauszuhandeln.
3. **Ergebnisse auswerten:** Vergleicht die verschiedenen Angebote und sucht das Beste heraus. Beachtet auch die Transportkosten, die bei der Beschaffung anfallen.

1 Lisa hat drei Angebote für Müsliriegel eingeholt.
a) Ermittelt den Stückpreis bei einer Bestellung von 50 Riegeln.
b) Ermittelt den Gesamtpreis für 25, 50 und 150 Riegel und markiert den jeweils günstigsten Anbieter.

Anfragedatum: 23.08. Bezeichnung: *Müsliriegel „Powerstick"*

	Angebot	Stückpreis	Preis für 25	Preis für 50	Preis für 150
Großmarkt Huber Hauptstr. 4	12,50 € für 50er-Pack				
Supermarkt Bahnhofstr. 27	0,30 €/Stück				
Internet (www.muesliwelt.de)	0,20 €/Stück + 4,00 € Versandkosten				

Raum für Berechnungen:

Verantwortung tragen | 6

Die Schülerfirma „eat & work" benötigt für die Produktion der Stifteboxen Materialien und Werkzeuge. Die Produktionsabteilung hat einen „Einkaufszettel" geschrieben. Lisa hat mehrere Angebote eingeholt und möchte am 2. November beim Versandhandel „Werkzeug & Co." bestellen.

Wir benötigen:
1 Stichsäge
3 Schraubzwingen
1 Dose grünen Lack
2 Dosen blauen Lack
4 Dosen roten Lack

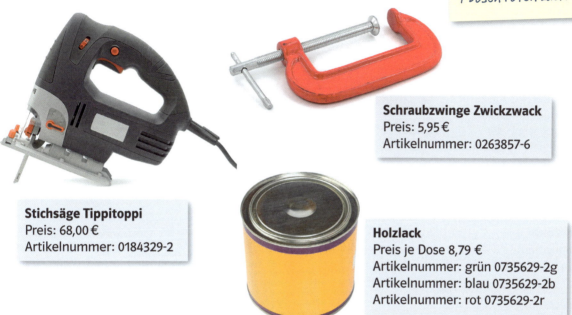

Schraubzwinge Zwickzwack
Preis: 5,95 €
Artikelnummer: 0263857-6

Stichsäge Tippitoppi
Preis: 68,00 €
Artikelnummer: 0184329-2

Holzlack
Preis je Dose 8,79 €
Artikelnummer: grün 0735629-2g
Artikelnummer: blau 0735629-2b
Artikelnummer: rot 0735629-2r

2 Fülle das Bestellformular vollständig aus.

Werkzeug & Co. Landstr. 3 38572 Holzhofen	Lieferadresse: *Schulstraße 4* *12345 Neustadt*			Datum:	
Bestellschein	Sie erreichen uns per FAX: 06301-7721211				
Artikelnummer	Menge	Beschreibung	Einzelpreis in €	Gesamtpreis in €	
			,	,	
			,	,	
			,	,	
			,	,	
			,	,	
			Gesamtpreis	,	

Weitere Aufgaben der Einkaufsabteilung:
- Angebote einholen
- Inventarliste erstellen
- Liste der Anbieter erstellen (Kundennummern notieren!)

6 | Verantwortung tragen

Station 5: Die Finanzabteilung

1 „Durch meine Buchführung kann ich jederzeit Auskunft über den aktuellen Kassenstand der Schülerfirma geben."

Aylin schreibt alle Einnahmen und Ausgaben in einem **Kassenbuch** auf. Dieser Vorgang heißt **Buchführung**. Dazu sammelt sie alle **Belege** der Schülerfirma (z. B. Rechnungen, Kassenbons, Kontoauszüge, Überweisungsscheine und Quittungen) als „Beweise" für die Einnahmen und Ausgaben, nummeriert sie und heftet sie in einen Beleg-Ordner. Bei jedem Beleg muss sie sich überlegen, ob es sich um eine Einnahme oder eine Ausgabe handelt.

1 👥 Findet Erklärungen für die Begriffe „Kassenbuch", „Buchführung" und „Beleg". Notiert sie auf einem Extrablatt.

2 👥 Aylin hat von der Firma „Büroxy" eine Rechnung bekommen, die sie überweisen soll. Füllt den Überweisungsträger aus.

Büroxy Hauptstraße 21a 54321 Altstadt	Empfänger: eat & work Frau Aylin Alatan Schulstr. 4 12345 Neustadt		Datum: 28. März 2011 Rechnungsnummer: 209564 Kundennummer: 0100234/2012	
Rechnung				
Menge	**Artikel-Nr.**	**Beschreibung**	**Einzelpreis**	**Gesamtpreis**
1	13-2457-98	Ink-jet Drucker capto1725"	94,95 €	94,95 €
Im Preis ist die Mehrwertsteuer von 19 % enthalten.			Gesamtpreis:	112,99 €

Bitte überweisen Sie innerhalb von 14 Tagen auf die
Spar & Kreditbank Neustadt * BLZ: 7 600 123 * Kto-Nr.: 978 534 00

Beleg Nr.
_____

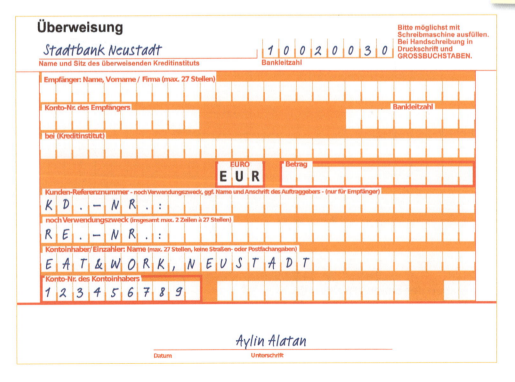

66

Verantwortung tragen | 6

Beleg Nr.
_____

OfficeStar
Hauptstr. 21
12345 Neustadt
24.03.2011   17:12
                   Preis €
Druckerpatrone 12,30
SUMME   12,30
Barzahlung   12,30

Steuer: 19 %
Brutto Netto Steuer
12,30   10,34   1,96

Beleg Nr.
_____

Schreibwaren Hiller
Bahnhofstr. 4
12345 Neustadt
22.03.2011   15:47
                   Preis €
Locher   2,20
SUMME   2,20
Barzahlung   2,20

Steuer: 19 %
Brutto Netto Steuer
2,20   1,85   0,35

Beleg Nr.
_____

Bürogroßhandel Feinberg
Hohe Gasse 14
12543 Burgdorf
25.03.2011   16:12
                   Preis €
40 Schulhefte, kariert   34,25
40 Schulhefte, liniert   34,25
SUMME EUR   68,00
Barzahlung   70,00

Steuer: 19 %
Brutto Netto Steuer
10,90   57,39

Anzahl Posten: 2
Es bediente Sie Frau Clasen

3 Aylin hat Belege gesammelt.
a) Sortiert die Belege nach dem Datum und nummeriert sie. Der erste Beleg hat die Nummer 53. Beziht die Rechnung der Firma „Büroxy" aus Aufgabe 2 ein.
b) Schreibt die Ausgaben in der Reihenfolge der Belegnummern in das Kassenbuch. Die Einnahmen sind schon eingetragen. Ermittelt jeweils den aktuellen Kassenstand.

Kassenbuch der Schülerfirma „eat & work"					Seite: 2
Beleg Nr.	Datum	Beschreibung	Einnahmen in Euro	Ausgaben in Euro	Kassenbestand in Euro
				Übertrag letzte Seite	229,35
54	23.03.11	25 Mathehefte	25,-	----------	

Raum für Berechnungen:

Weitere Aufgaben der Finanzabteilung:
- Belege sortieren und abheften
- Eine Gewinnberechnung durchführen
- Einen Finanzbericht schreiben
- Verkaufspreise festlegen

67

6 | Verantwortung tragen

Station 6: Die Produktionsabteilung

Wegen seines handwerklichen Geschicks ist Mesut Leiter der Produktionsabteilung geworden. Denn die Mitglieder der Schülerfirma haben beschlossen, bei ihrem Pausenverkauf nicht nur Snacks und Schreibwaren, sondern auch selbst angefertigte Stifteboxen zu verkaufen. Um die Stiftebox produzieren zu können, muss von Anfang an genau geplant werden. Mesut und sein Team gehen bei der Planung und Produktion Schritt für Schritt vor.

1 „Vom Schulleiter haben wir die Erlaubnis bekommen, den Werkraum für die Herstellung der Stifteboxen zu nutzen."

Schritt 1: Anforderungsliste aufstellen
Hier wird festgelegt, welche Anforderungen das Produkt oder die Dienstleistung erfüllen muss.

Die Stiftebox soll ...
- *einfach herzustellen sein*
- *verschließbar sein*
- *Platz für ca. 15 Stifte bieten*
- *in unterschiedlichen Designs angeboten werden können*

Schritt 2: Gegenstand entwerfen
Wie könnte der Gegenstand aussehen? Mesut hat eine Handzeichnung angefertigt.

Schritt 3: Technische Zeichnung anfertigen
Für die Produktion ist es wichtig, die genauen Maße zu kennen, sonst passen die Einzelteile anschließend nicht zusammen.

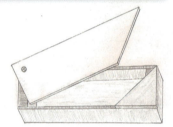

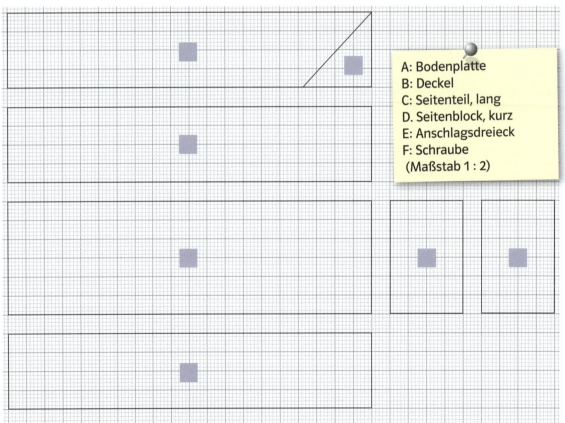

A: Bodenplatte
B: Deckel
C: Seitenteil, lang
D. Seitenblock, kurz
E: Anschlagsdreieck
F: Schraube
(Maßstab 1 : 2)

1 👥 Welcher Teil der Stiftebox ist in der Zeichnung jeweils dargestellt? Tragt die Buchstaben (Bodenplatte = A, Deckeln = B ...) in die blauen Felder ein.

Verantwortung tragen | 6

Schritt 4: Stückliste (Liste aller Einzelteile) anfertigen

Stückliste Stiftebox				Maße		
	Bezeichnung	Anzahl	Werkstoff	Länge	Breite	Dicke
A	Bodenplatte	1	Sperrholz			3 mm
B	Seitenteil, lang	2	Sperrholz			3 mm
C	Seitenteil, kurz	2	Fichte			15 mm
D, E	Deckel und Anschlagsdreieck	1	Sperrholz			3 mm
F	Senkkopfschraube	1	Stahl	Länge 15 mm, Ø 3 mm		

2 👥 Ermittelt aus der Zeichnung die fehlenden Längen und tragt sie in die Stückliste ein. Achtung: Die Zeichnung ist im Maßstab 1:2 dargestellt, das heißt: 1 cm in der Zeichnung sind 2 cm in Wirklichkeit!

Schritt 5: Fertigungsplan ausarbeiten
Welche Arbeitsschritte sind in welcher Reihenfolge von wem zu erledigen? Welche Arbeitsmittel (Werkzeuge, Maschinen, Geräte) sind nötig?

Nr.	Arbeitsschritte	Nr.	Arbeitsmittel
	Deckel mit Kasten verschrauben		Maßstab, Bleistift, Hand- oder elektr. Bohrmaschine, Bohrer (2 mm)
	Lange und kurze Seitenteile auf die Grundplatte und an den Kanten aneinanderleimen. Anschlag an eine Ecke des Kastens leimen.		Holzlack, Pinsel
	Kasten lackieren		Leim, 2 Schraubzwingen
	Holzteile zusägen	1	Maßstab, Bleistift, Anschlagwinkel
	Löcher in Deckel und Kasten anzeichnen und bohren		Schraubenzieher, Schraube
1	Alle Holzteile anreißen (anzeichnen)		Schleifvorrichtung, Schleifpapier
	Kanten und Oberflächen schleifen		Sägevorrichtung, Feinsäge

3 👥 Mesuts Fertigungsplan ist durcheinandergeraten. Bringt die Arbeitsschritte und die dazu passenden Arbeitsmittel in die richtige Reihenfolge (1 bis 7).

Schritt 6: Ware herstellen
Jetzt geht es endlich an die Arbeit. Mesuts Produktionsabteilung stellt die Stifteboxen her.

Schritt 7: Ergebnis bewerten
Entspricht das Produkt den Anforderungen aus Schritt 1? Was könnte man noch verbessern?

Weitere Aufgaben der Produktionsabteilung:
- Bedarfsmeldungen (Einkaufszettel) für die Einkaufsabteilung schreiben
- Maschinen und Geräte pflegen

6 | Verantwortung tragen

Station 7: Die Verkaufsabteilung

1 „Alle Belege gebe ich an die Finanzabteilung weiter. Sie sind wichtig für die Buchhaltung."

Raphael leitet die Verkaufsabteilung. Er ist kontaktfreudig und kann gut mit anderen Menschen umgehen. Beim Pausenverkauf ist er freundlich und wirbt in den Verkaufsgesprächen für Snacks und Schreibwaren. Gelegentlich muss er Reklamationen entgegennehmen und verärgerte Kunden beruhigen. Da insgesamt sechs Mitarbeiter in der Verkaufsabteilung arbeiten, teilt er auch den Dienst ein. Dazu schreibt er einen wöchentlichen Dienstplan.

1 Raphael muss für die nächste Woche einen Dienstplan erstellen. An jedem Tag soll der Stand in den Pausen von zwei Personen betreut werden. Für das Verkaufsteam stehen ihm fünf Mitarbeiterinnen und Mitarbeiter zur Verfügung, die aber alle eigene Wünsche haben:

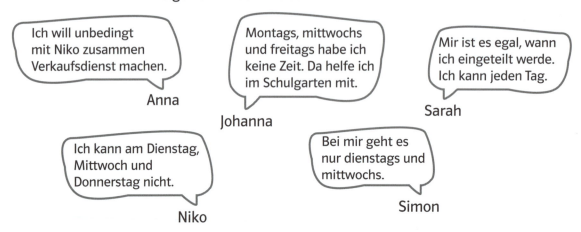

a) Erstellt einen Dienstplan für den Pausenverkauf. Teilt die fünf Mitarbeiterinnen und Mitarbeiter so auf die Tage auf, dass alle Wünsche berücksichtigt werden.

Wöchentlicher Dienstplan für den Pausenverkauf	
Ort: *Eingangshalle*	
Aufgaben: *Verkaufsstand aufschließen, Kasse aufschließen, Wechselgeld überprüfen (evtl. Kleingeld bei der Finanzabteilung holen), Quittungen schreiben, Nachschub aus dem Lager holen, nach 2. Pause: Kassenbestand aufschreiben*	
Tag	**Mitarbeiter/innen**
Montag	
Dienstag	
Mittwoch	
Donnerstag	
Freitag	

b) Vergleicht eure Entwürfe und korrigiert wenn notwendig eure Einordnung.

Verantwortung tragen | 6

2 Raphael Schmidt verkauft am 26.03. an den Mathematik-Lehrer Herrn Müller 10 karierte Schulhefte à 1 Euro. Stellt eine Quittung aus.

Hinweis: Im Verkaufspreis von 1 € ist die Mehrwertsteuer bereits enthalten. Sie beträgt 19 % des Nettopreises.

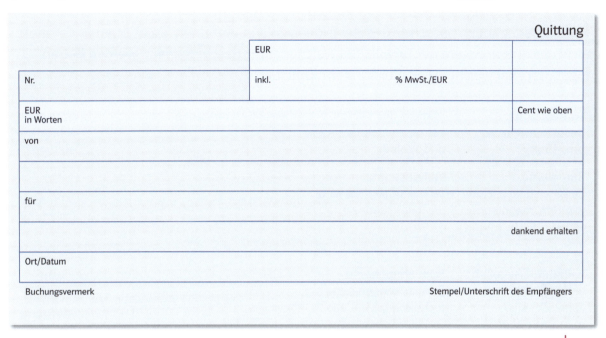

Raphaels Mitarbeiter wissen, wie wichtig das Verhalten gegenüber Kunden für den Erfolg der Schülerfirma ist, denn unzufriedene Kunden kaufen woanders. Deshalb trainiert er mit seinen Mitarbeitern kundenfreundliches Verhalten in Rollenspielen. In der Verkäufer- und Kundenrolle wechseln sie sich ab, damit sie aus beiden Perspektiven etwas lernen können.

Verhalten gegenüber Kunden
- Bleibe stets freundlich in Worten, Gestik und Mimik (auch bei schlechter Laune!).
- Höre gut zu!
- Dränge dem Kunden nichts auf.
- Bleibe fair bei Reklamationen.
- Sei pünktlich und zuverlässig.
- Halte Absprachen ein.

3
a) Überlege, wie du dich als Kundin/Kunde oder als Verkäufer/in am Verkaufsstand verhalten würdest. Mache dir Stichpunkte auf einem Extrablatt.

Situation 1: Statt einem Deutschheft gibt es nur Mathehefte.
Situation 2: Der verkaufte Textmarker schreibt nicht richtig.
Situation 3: Der Müsliriegel schmeckt nicht.

b) Wählt ein Beispiel aus und führt ein Verkaufsgespräch als Rollenspiel durch.
c) Wertet die Rollenspiele aus: Wie reagiert die Verkäuferin/der Verkäufer in eurem Rollenspiel? Ist das Verhalten kundenfreundlich?

Weitere Aufgaben der Verkaufsabteilung:
- Dienstplan und Kundeniste erstellen
- Abrechnungen machen
- Verkaufsraum einrichten und sauber halten
- Waren auffüllen

6 | Verantwortung tragen

Eine eigene Geschäftsidee entwickeln

Nun wisst ihr, welche Aufgaben in einer Schülerfirma auf euch warten. Höchste Zeit, es selbst auszuprobieren! Zunächst benötigt ihr eine Geschäftsidee.

1 👥 Überlegt euch passende Geschäftsideen zu den einzelnen Situationen und notiert sie in der dritten Spalte der Tabelle. Bei welcher eurer Geschäftsideen werden Waren angeboten, bei welcher Dienstleistungen? Kreuzt an.

Wünsche und Bedürfnisse in der Umgebung	Stärken und Fähigkeiten der Schülerinnen und Schüler	Deine Geschäftsidee	Ware oder Dienstleistung?
Büroräume, Eingangshallen, Flure von Unternehmen sehen oft öde, traurig aus.	Im Kunst- und Technikunterricht wird oft Tolles produziert.		○ Ware ○ Dienstleistung
Radfahren ist beliebt und verbreitet. Fahrräder sind manchmal aber defekt.	Schülerinnen und Schüler kennen sich technisch oft gut aus.		○ Ware ○ Dienstleistung

2 Welche Bedürfnisse und Wünsche haben Menschen in deiner Umgebung? Welche Waren oder Dienstleistungen könntet ihr anbieten? Entwickle selbst Geschäftsideen, die in deiner Umgebung erfolgreich sein könnten.

Wünsche und Bedürfnisse in der Umgebung	Stärken und Fähigkeiten der Schülerinnen und Schüler	Deine Geschäftsidee	Ware oder Dienstleistung?
			○ Ware ○ Dienstleistung
			○ Ware ○ Dienstleistung

3

a) 👥 Besprecht eure Ideen. Wählt die zwei besten Ideen aus und schreibt sie jeweils auf eine Karte. Stellt sie der Klasse vor und heftet sie an die Tafel oder eine Stellwand.

b) Dreht die Tafel oder Stellwand so, dass die Karten verdeckt sind. Vergebt nun nacheinander verdeckt insgesamt drei farbige Punkte für die besten Schülerfirma-Ideen. Die Entscheidung fällt auf die Geschäftsidee mit den meisten Punkten.

Verantwortung tragen | 6

Die Marktanalyse

Der Markt ist ein Treffpunkt von Angebot und Nachfrage. Dabei ist es egal, an welchem Ort dies passiert, z. B. auf einem Marktplatz, in einem Supermarkt oder im Internet. Auch eure Schülerfirma ist ein Anbieter auf dem Markt.
Wie ein richtiges Unternehmen soll eure Schülerfirma einen Gewinn erzielen. Dies ist aber nur möglich, wenn ihr Waren oder Dienstleistungen anbietet, die auf dem Markt nachgefragt werden. Um das festzustellen, müsst ihr eine Marktanalyse durchführen.

4 Lest den Text im grauen Kasten und führt eine Marktanalyse zu eurer Geschäftsidee durch. Beantwortet dazu die folgenden Fragen. Wenn ihr die Antworten nicht direkt wisst, recherchiert oder führt eine Befragung durch.

Wie groß ist der Bedarf nach eurer Ware/Dienstleistung?
a) Wer sind eure Kunden?
b) Wie viele mögliche Kunden gibt es?
c) Wie oft würde der Kunde bei euch einkaufen?
   ○ täglich   ○ _____ mal in der Woche   ○ _____ mal im Monat   ○ nur einmal
d) Schätzt ein, wie viele Waren/Dienstleistungen ihr in der Woche oder im Monat verkaufen könnt.

Könnt ihr eure Ware/Dienstleistung gewinnbringend verkaufen?
a) Welche Materialien benötigt ihr in der Woche oder im Monat?
b) Welche Kosten entstehen dafür?
c) Welchen Preis darf eure Ware/Dienstleistung haben?
d) Wieviel Umsatz könnt ihr pro Woche oder pro Monat machen?
e) Wie hoch wäre euer Gewinn/Verlust?

Weitere Fragen, die für die Überprüfung eurer Geschäftsidee wichtig sind:
- Wo finden sich geeignete Räume für die Herstellung und den Verkauf eurer Waren/Dienstleistungen?
- Wie könnt ihr eure zukünftigen Kunden auf euer Angebot aufmerksam machen?
- Welche Konkurrenten gibt es und wie hoch ist deren Preis?

> Hinweis: Die Schülerfirma darf keine Konkurrenz zu einem bestehenden Unternehmen in eurer Nähe sein. Als Schule habt ihr immer Vorteile gegenüber einem „richtigen" Unternehmen, deshalb wäre es unfair, wenn ihr dem Unternehmen Kunden wegnehmt.

5 Hat eure Geschäftsidee Aussicht auf Erfolg? Wenn nicht, versucht es mit der Idee mit der nächsthöheren Punktzahl aus Aufgabe 3.

6 Tragt die Geschäftsidee, die ihr tatsächlich umsetzen wollt, auf der nächsten Portfolioseite („Unser Organigramm") in den entsprechenden Kasten ein.

6 | Verantwortung tragen

Stellen besetzen

Auf Seite 57 hast du dich für eine Wunsch-Position in der Schülerfirma entschieden. Danach konntest du alle Abteilungen einer Schülerfirma kennenlernen. Hast du dich richtig entschieden oder möchtest du dich lieber für eine andere Abteilung bewerben?

1 Begründe, warum du mit deinen Fähigkeiten für deine Wunsch-Position geeignet bist. Nenne jeweils ein persönliches Beispiel, wo du diese Fähigkeiten bereits gezeigt hast.

Ich würde gern in der _____ arbeiten,

weil ich diese wichtigen Fähigkeiten mitbringe:	Beispiel:

2 In einem „richtigen" Unternehmen werden neue Mitarbeiter von der Personalabteilung eingestellt. Oft entscheidet auch die Geschäftsführung über die Besetzung der Stellen mit.
a) Als erste Position muss die der Geschäftsführerin/des Geschäftsführers besetzt werden. Sollten sich zwei oder mehr aus eurer Klasse für diese Position interessieren, muss eine Wahl stattfinden. Sollte sich niemand für die Position interessiert haben, macht Vorschläge. Tragt den Namen auf der Portfolioseite „Unser Organigramm" ein. Wählt auch eine Stellvertretung.
b) Entscheidet nun, wer in der Personalabteilung arbeiten soll. Tragt die Namen in euer Unternehmens-Organigramm auf der Portfolioseite ein.

3 Nun geht es an die Besetzung der anderen Stellen. Die Einstellungen sollen von der Geschäftsführung und der Personalabteilung vorgenommen werden.
a) Begründet nacheinander überzeugend in einem Bewerbungsgespräch mit der Geschäftsführung und der Personalabteilung, warum ihr für „eure" Abteilung geeignet seid.
b) Tragt in eure Schülerfirmen-Organigramme auf der Portfolioseite die festgelegten Mitarbeiter aller Abteilungen ein.

4 Bearbeite die Selbsteinschätzung auf Seite 11.

Unser Organigramm

Name unserer Schülerfirma: _____

Geschäftsidee unserer Schülerfirma

_____

_____

_____

_____

Firmenlogo

Geschäftsführer/in
stellvertretende/r Geschäftsführer/in

Name: _____   Stellvertreter/in: _____

Finanzabteilung

Mitarbeiter/innen:

_____

_____

_____

_____

Personalabteilung

Mitarbeiter/innen:

_____

_____

_____

_____

Werbeabteilung

Mitarbeiter/innen:

_____

_____

_____

_____

Einkaufsabteilung

Mitarbeiter/innen:

_____

_____

_____

_____

Produktionsabteilung

Mitarbeiter/innen:

_____

_____

_____

_____

Verkaufsabteilung

Mitarbeiter/innen:

_____

_____

_____

_____

7 | Betriebe finden

Ich werde ...

✗ auf verschiedenen Wegen nach Praktikumsplätzen suchen
✗ mit einem Betrieb telefonieren
✗ eine Bewerbung schreiben
✗ mich persönlich vorstellen

1 Was ist ein Praktikum überhaupt?
2 Wobei kann dir ein Praktikum helfen?

„Durch mein Praktikum habe ich einen Ausbildungsplatz als Fachkraft für Lagerlogistik gefunden."

7 | Betriebe finden

Adressen finden

Was ist überhaupt ein Praktikum?

Wenn du wissen willst, was eine Friseurin oder ein Maler zu tun haben, dann lohnt es sich, ein Praktikum zu machen. Dabei wirst du für eine längere Zeit in dem von dir ausgesuchten Beruf mitarbeiten. Du hast die Möglichkeit herauszufinden, ob dieser Beruf zu dir passt.
Es kann auch sein, dass du dir etwas ganz anderes unter diesem Beruf vorgestellt hast und enttäuscht bist. Auch das ist eine wichtige Erfahrung, denn nun weißt du, dass dieser Beruf für dich nicht in Frage kommt.
Am besten ist es, wenn du ein Praktikum in deinem Wunsch-Beruf machst. Aber auch wenn du nicht sofort einen Platz in einem Betrieb findest, der „deinen" Beruf anbietet, ist ein Praktikum sinnvoll. Vielleicht hast du eine falsche Vorstellung davon, welche Aufgaben auf dich warten, und bist völlig überrascht, wie vielseitig und interessant die Arbeit ist.

Ein Praktikum zeigt dir, welche Arbeitsabläufe typisch sind, wie man mit Kollegen zusammen arbeitet, welche Regeln in einem Betrieb gelten und wie du selbst mit der Arbeitssituation umgehst. Außerdem wirst du feststellen, wie anstrengend ein ganzer Arbeitstag sein kann.

Spickzettel

1. um erfahlen zu sameln
2. man weiß wie ein Arbeits Aulauss!
3. ist wichtig für zukunft
4. zeigt dir ein andere Seite von jobs

1 Warum ist ein Praktikum sinnvoll? Unterstreiche Schlüsselwörter im Text und schreibe dir einen „Spickzettel".

Methode: Adressen von Betrieben finden

Die **„Gelben Seiten"** können dir helfen, einen Überblick über die Unternehmen in deiner Umgebung zu finden. Auch **Anzeigen** und **Werbeprospekte** helfen dir bei der Suche. In der örtlichen Tageszeitung findest du Anzeigen von Unternehmen in deiner Nähe.

Frage **Menschen in deiner Umgebung**, ob sie einen Betrieb kennen, der deinen Interessen entspricht. Vielleicht gibt es ja schon Kontakte zu Mitarbeitern eines Betriebs. Frage deine Familie, aber auch Bekannte, Freunde, Lehrer und andere Personen.

Die **„Agentur für Arbeit"** kennt viele Unternehmen, die Praktika anbieten. Ein Besuch hier lohnt sich immer, wenn es um Kontakte zur Arbeitswelt geht.

2 Suche für dein Praktikum vier Betriebe, die Berufe in Berufsfeldern anbieten, die dich interessieren. Welche das sein könnten, hast du in den Modulen 3 und 5 herausgefunden. Suche am besten Betriebe aus mehreren Berufsfeldern. Notiere die Anschrift und die Telefonnummer auf der Portfolioseite (fülle den gelb hinterlegten Bereich aus). Beginne mit dem Betrieb, bei dem du dein Praktikum am liebsten machen würdest.

Überprüfe, wie du täglich hin- und zurückkommen kannst. Nur wenn das geklärt ist, lohnt sich die Anfrage!

Meine Wunsch-Praktikumsbetriebe

Berufsfeld: Zahn Artz

Name des Betriebs:
Natalie Wergiles, Zahn artz Praxis
köln ossendorf

✉: Rochusstraße 232, 50827
Straße

50827   köln ossendorf
PLZ   Ort

📱: ☎ 0227 59 7277

💻: www. Zahnartz-koeln-Wergiles
.de

Ansprechpartner: Natalie Wergiles

Praktikum möglich?   ja ⊗   nein ○

Schriftliche Bewerbung erforderlich?   ja ○ nein ○

Notizen: Sehr netten Jungen Damen
sie helfen dir deine Zähne zu
Schutzen.

Berufsfeld: Motor World Köln

Name des Betriebs:
Motor World

Butzweiler straße 35-35

✉: Butzweiler Straße 35-39
Straße

50829   Köln
PLZ   Ort

📱: 0227 2778800

💻: www. Motor World.de/köln-
rheinland,

Ansprechpartner: Koeln@motor World.de

Praktikum möglich?   ja ⊗   nein ○

Schriftliche Bewerbung erforderlich?   ja ○ nein ○

Notizen: Sehr schöne Autos
auch alte Autos, Nette mit-
Arbeiter, wenn du Fragen hast
frag sie einfach die helfen dir.

Berufsfeld: _____

Name des Betriebs:

_____

_____

✉: _____
　　　　Straße

_____
　PLZ　　　　　　　Ort

📱: _____

💻: www._____

_____

Ansprechpartner: _____

_____

Praktikum möglich?　ja ○　　　nein ○

Schriftliche Bewerbung erforderlich?　ja ○ nein ○

Notizen: _____

_____

_____

_____

Berufsfeld: _____

Name des Betriebs:

_____

_____

✉: _____
　　　　Straße

_____
　PLZ　　　　　　　Ort

📱: _____

💻: www._____

_____

Ansprechpartner: _____

_____

Praktikum möglich?　ja ○　　　nein ○

Schriftliche Bewerbung erforderlich?　ja ○ nein ○

Notizen: _____

_____

_____

_____

Betriebe finden | 7

Betriebe im Internet

Methode: Internetadressen herausfinden

Viele Betriebe haben mittlerweile eine Internetseite. Auf dieser Seite findest du Informationen über den Betrieb und meistens auch über die Produkte und Dienstleistungen, die der Betrieb anbietet.

Um die Internetadresse eines Betriebs zu finden, suchst du am einfachsten über die Adresse **www.gelbeseiten.de.** Diese Seite funktioniert ähnlich wie das Telefonbuch.

Du kannst auch mit einer **Suchmaschine** nach der Adresse suchen. Suchmaschinen sind Internetseiten, die das Internet nach bestimmten Begriffen durchsuchen und die Ergebnisse geordnet anzeigen.

Internetadressen von Suchmaschinen sind z. B.
- www.allesklar.de
- www.altavista.de
- www.fireball.de
- www.google.de
- www.yahoo.de

1 Suche die Internetadressen der Betriebe auf deiner Portfolioseite heraus und notiere sie im hellblauen Feld. Hinweis: Nicht alle Betriebe haben Internetseiten. Es kann also sein, dass du zu dem einen oder anderen Betrieb keine Seite findest.

2 Wähle einen der Betriebe aus und beantworte mit Hilfe der Informationen auf der Internetseite die folgenden Fragen:

1 Um einen Betrieb zu finden, kannst du als Suchbegriffe den Namen, die Straße und den Ort angeben.

Tipps zum Umgang mit Suchmaschinen:
- Gib nur die wichtigsten Suchbegriffe ein und achte auf die Rechtschreibung. Um geeignete Suchbegriffe zu finden, überlege, welche Worte auf der Seite stehen könnten, die du finden möchtest.
- Klicke nicht einfach alle Suchergebnisse an. Lies zunächst durch, was unter dem Ergebnislink steht. Die besten Suchergebnisse stehen nicht immer oben!
- Nicht alles, was im Internet steht, stimmt auch. Überprüfe deshalb immer, von welcher Quelle eine Information kommt (hierfür gibt es das Impressum) und ob diese Quelle zuverlässig ist. Oft handelt es sich um Werbung, manchmal auch um gezielte Falschinformationen.
- Notiere immer die Adresse der Seite, auf der du Informationen gefunden hast.

Welche Produkte/Dienstleistungen werden angeboten?		
_____		
_____		
Was schätzt du: Wie viele Mitarbeiter hat der Betrieb?		
○ Weniger als 10	○ bis 100	○ über 100
Wo liegt der Betrieb?		
○ Im Zentrum	○ In einem Wohngebiet	○ Im Industriegebiet

7 | Betriebe finden

Telefonieren

Um herauszufinden, ob ein Betrieb überhaupt Praktikanten nimmt, musst du dort anrufen.

1

a) Höre dir das Telefonat an, das du über den Online-Link erreichst. Welche Fehler fallen dir auf?

Der Junge ist unhöflich er stellt sich erst mal nicht vor und sagt direkt dass er ein Praktikum machen will. Er macht sich keine Gedanken wo er Praktikum machen will und weil das bei ihm in der nähe ist

b) Besprich deine Ergebnisse mit einer Partnerin oder einem Partner und ergänze deine Aufzeichnungen.

c) Formuliert acht Regeln für ein gutes Telefongespräch.

1. Respe Begrüßung höflich
2. Sich vorstellen wer er ist wo er her kommt, welche S
3. Was will er überhaupt wiso ruft der an
4. Begründung wiso er da Praktikum machen will
5. Welche Schule er ist und in welch klasse er geht
6. ~~Er~~ er soll sich mehr informieren über das gebiet
7. Nicht gelangweilt reden, mit energie reden und locker sein
8. Respect haben und Respect voll reden

d) Fallen euch noch mehr Regeln für gutes Telefonieren ein? Notiert sie.

82

Betriebe finden | **7**

2

a) Lea erkundigt sich telefonisch nach einem Praktikumsplatz. Doch das Telefongespräch ist durcheinandergeraten. Bringe es wieder in die richtige Reihenfolge und schreibe sie in die blauen Felder.

3 *Heiko Bauer:* „Wenn es um Praktikumsplätze geht, sind Sie bei mir richtig. Wie kann ich Ihnen denn weiterhelfen?"

4 *Lea:* „Ich gehe in die Gesamtschule Neustadt. Vom 15. bis 26. März werden alle Schüler meiner Klasse ein Praktikum machen. Da ich mich für den Gärtnerberuf interessiere, möchte ich Sie fragen, ob ich mein Praktikum bei Ihnen machen kann."

5 *Heiko Bauer:* „Wir bieten immer mal wieder einen Platz an. Warum möchtest du dein Praktikum denn ausgerechnet bei uns machen?"

6 *Lea:* „Ich habe meinen Eltern schon oft im Garten geholfen. Das hat mir sehr viel Spaß gemacht und deshalb würde ich später gerne als Gärtnerin arbeiten."

9 *Heiko Bauer:* „Nichts zu danken. Auf Wiederhören."

8 *Lea:* „Das ist kein Problem. Vielen Dank für das Gespräch."

7 *Heiko Bauer:* „Ich könnte mir vorstellen, dass du bei uns ein Praktikum machst. Kannst du noch eine schriftliche Bewerbung zu meinen Händen schicken?"

2 *Lea:* „Guten Tag, Herr Bauer. Mein Name ist Lea Hanser. Ich bin auf der Suche nach einem Praktikumsplatz. Könnten Sie mir bitte sagen, wer bei Ihnen dafür zuständig ist?"

1. *Heiko Bauer:* „Gartenbau Fröhlich, Sie sprechen mit Heiko Bauer."

10 *Lea:* „Auf Wiederhören."

b) 👥 Vergleicht eure Ergebnisse. Korrigiert eure Einordnung wenn nötig.
c) 👥 Lest das Telefongespräch in der richtigen Reihenfolge mit verteilten Rollen.

3 Jedes Gespräch kann in verschiedene Abschnitte eingeteilt werden. Zu welchen Sätzen passen die folgenden Begriffe? Schreibe die passenden Nummern hinter den Gesprächsabschnitt.

Begrüßung: 7, 2   Anliegen: 2, 3

Frage nach dem Ansprechpartner: 5, 6

Dank:

Verabschiedung:

83

7 | Betriebe finden

4 Fülle Leas Notizzettel fertig aus. Welche Informationen hat sie bekommen?

Berufsfeld: _Landwirtschaft, Natur, Umwelt_

Name des Betriebs:
Gartenbau Fröhlich

Branche: _Gärtnerei_

✉: _Sonnenstraße 2_
　　　　　Straße

_54321_　　　　　_Neustadt_
　PLZ　　　　　　　Ort

📱: _01234 – 246810_

💻 : www. _gartenbau-froehlich.de_

Ansprechpartner: _____

_____

Praktikum möglich?　ja ○　　　nein ○

Schriftliche Bewerbung erforderlich?　ja ○ nein ○

Notizen: _____

_____

_____

5

a) Bevor du nun mit einer Partnerin oder einem Partner das Telefonieren übst, überlege dir, bei welchem Betrieb du später nach einem Praktikumsplatz fragen möchtest. Deine Aufzeichnungen auf der Portfolioseite helfen dir dabei. Bereite dich auf das Telefonat vor.

> Bei diesem Betrieb möchte ich nachfragen:
>
> So möchte ich meine Gesprächspartnerin/meinen Gesprächspartner begrüßen und mich vorstellen:
>
> So formuliere ich mein Anliegen:
>
> So frage ich nach dem richtigen Ansprechpartner:
>
> Deshalb möchte ich mein Praktikum in genau diesem Betrieb machen:
>
> 1.
>
> 2.
>
> 3.

Betriebe finden | 7

b) Bildet 3er-Gruppen und übt das Telefonat. Es gibt die folgenden Rollen:
- Der/die Anrufer/in fragt nach einem Praktikumsplatz.
  (Hinweis: Gib deiner Gruppe vorher Informationen über den Betrieb.)
- Der/die Angerufene nimmt das Gespräch entgegen.
  (Hinweis: Orientiere dich an den Aussagen von Heiko Bauer auf Seite 83.)
- Der/die Auswerter/in füllt die Tabelle aus und gibt ein Feedback.

Besprecht im Anschluss die Auswertung und wechselt die Rollen.

Hat die Anruferin/der Anrufer …	Ja	Nein
… gegrüßt und ihren/seinen Namen genannt?	○	○
… den Grund seines Anrufes genannt?	○	○
… nach dem Namen des Ansprechpartners gefragt?	○	○
… den Zeitraum des Praktikums genannt?	○	○
… begründet, warum sie/er genau hier ein Praktikum machen möchte?	○	○
… sich bedankt?	○	○
… sich verabschiedet?	○	○

c) Spielt euer Telefonat vor der Klasse vor. Wie bewertet die Klasse den Anruf?

6 Nun bist du bereit: Ruf die Betriebe an, bei denen du gerne ein Praktikum machen möchtest. Bereite dich mit Hilfe der Stichpunkte aus Aufgabe 5a auf das Gespräch gut vor (eine weitere Vorlage findest du über den Online-Link). Fülle sofort nach dem Telefonieren den Notizzettel auf der Portfolioseite „Meine Wunsch-Praktikumsbetriebe" aus.

Tipps für das Telefonieren:
- Schalte alle Lärmquellen wie Radio oder Fernseher aus.
- Sprich deutlich, langsam und in kurzen Sätzen.
- Auch wenn dein Gesprächspartner dich nicht sieht: lächle, sei freundlich und höflich. Man erkennt das an deiner Stimme!

Online-Link
103610-0085

Keine Angst vor Absagen

Wenn du bei deinen Gesprächen nur Absagen erhältst, liegt das oft nicht an dir. Viele Betriebe vergeben keine Praktikumsplätze, haben zur Zeit niemanden, der sich um einen Praktikanten kümmern kann oder sie haben bereits Praktikanten. Manche wissen auch nicht, was sie mit einem Praktikanten anfangen sollen, andere wollen einfach nicht.
Lass dich nicht entmutigen und suche weitere Betriebe, die für dich interessant sein könnten. Frage auch bei deinem Lehrer oder deiner Lehrerin, deinen Verwandten, Eltern und Bekannten nach. Oft hilft es, wenn jemand persönlich mit den Mitarbeitern eines Betriebs bekannt ist. Wenn du wirklich ein Praktikum machen möchtest, wirst du bestimmt einen Platz bekommen.

1 „Tut mir leid, wir nehmen keine Praktikanten."

7 | Betriebe finden

Ein Bewerbungsschreiben verfassen

Viele Unternehmen möchten eine schriftliche Bewerbung von ihren zukünftigen Praktikanten haben. Aus dem Anschreiben muss hervorgehen, wer du bist, wann du das Praktikum machen möchtest und warum du denkst, dass du dafür geeignet bist.

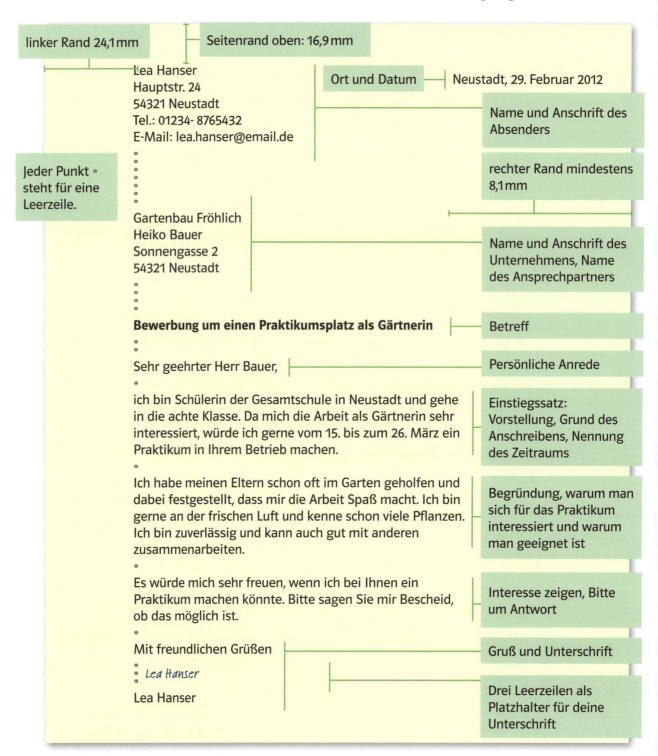

1 Schreibe nun ein eigenes Anschreiben an den Betrieb, in dem du ein Praktikum machen möchtest.

Mein Bewerbungsschreiben

Mein Bewerbungsschreiben

Betriebe finden | 7

Eine Bewerbung am Computer schreiben

Heute ist es üblich, das Bewerbungsschreiben am Computer zu erstellen. Wichtig ist, dass du auch bei dem Anschreiben am Computer alle Regeln einhältst.

Methode: Texte gestalten
Einige Texte im Anschreiben müssen speziell gestaltet (formatiert) werden. Die Betreffzeile ist z. B. immer **fett**. Die Menüleiste mit den wichtigen Schaltflächen zum Formatieren findest du im Schreibprogramm ganz oben. Um einen Text anders aussehen zu lassen, musst du ihn zuerst markieren. Dann klickst du auf die Schaltfläche. Die wichtigsten sind in Bild 1 erklärt.

Um einen Text zu markieren, fährst du mit der Maus über den Text und hältst die linke Taste gedrückt.

1 Die wichtigsten Schaltflächen zum Formatieren von Text

1 Verfasse ein Bewerbungsschreiben am Computer, drucke es aus und unterschreibe es. Benutze den Text, den du auf der Portfolioseite geschrieben hast.

Online-Link
103610-0089

Die folgenden Hinweise helfen dir:
1. Eine Vorlage für das Bewerbungsschreiben bekommst du über den Online-Link.
2. Ersetze die Texte in der Vorlage so, dass „dein" Anschreiben entsteht. Achte auf die Anzahl der Leerzeilen.
3. Speichere die Datei im Ordner „Praktikum" → Unterordner „Bewerbungen".
   Aus dem Dateinamen sollte hervorgehen:
   – wann sie erstellt wurde,
   – dass es sich um eine Bewerbung handelt,
   – an welchen Betrieb sie geschickt werden soll.

2 Durch die Benennung der Dateien weiß Lena immer, wann sie an welche Betriebe eine Bewerbung geschickt hat.

2 👥 Hängt die Anschreiben in der Klasse auf und macht einen „Museumsrundgang". Zu jeder Bewerbung gibt es ein Meinungsblatt. Auf ihm könnt ihr eure Ratschläge notieren.

Mache von jedem Brief, den du abschickst, einen zweiten Ausdruck, den du in deinen Portfolio-Ordner einheftest. So behältst du den Überblick über alle Unternehmen, bei denen du dich beworben hast.

3 Überarbeite dein Bewerbungsschreiben mit Hilfe des Meinungsblatts und verschicke es.

7 | Betriebe finden

Die persönliche Vorstellung

Herzlichen Glückwunsch! Der Betrieb, bei dem du dich beworben hast, hat dich zu einem persönlichen Gespräch eingeladen. Man möchte dich kennenlernen und sehen, wer über einen längeren Zeitraum mitarbeiten wird.

Ob die Einladung auf dein Anschreiben hin erfolgt ist oder du in deiner Nachbarschaft einen Betrieb gefunden hast, den du kennst: in beiden Fällen musst du dich persönlich vorstellen.

Ein persönliches Gespräch läuft ähnlich ab wie ein Telefonat. Auch hier gibt es eine Begrüßung, du musst dein Anliegen nennen und dich am Schluss verabschieden. Daneben gibt es aber noch weitere Regeln:

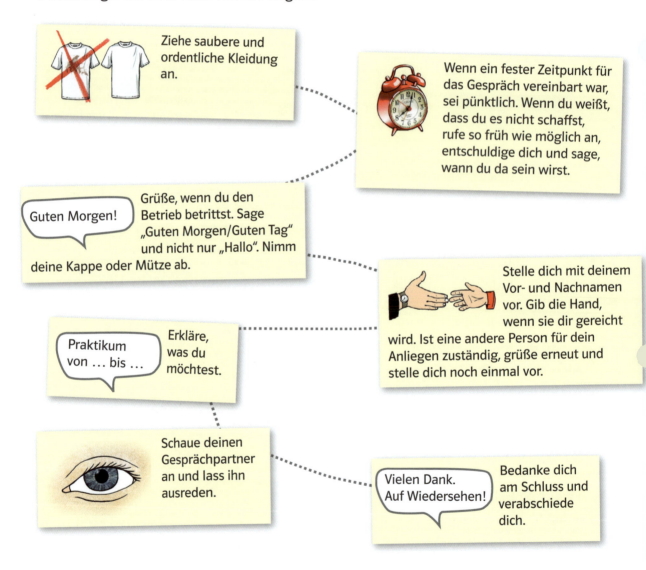

1 👥 Übt die Situation in einem Rollenspiel und gebt euch gegenseitig Tipps, was ihr verbessern könnt.

2 Hefte deine Portfolioseiten ab und bearbeite die Selbsteinschätzungen auf Seite 11.

8 | Arbeitsplätze erkunden

Ich werde ...

✗ *ein Praktikum vorbereiten, durchführen und auswerten*
✗ *Berichte schreiben*
✗ *die Arbeitswelt kennenlernen*

1 Beschreibe die Situation.

2 Überlege, welche Tätigkeiten die Praktikantin ausführen darf.

„Bewerber, die schon einmal ein Praktikum im angestrebten Beruf gemacht haben und wissen, was sie erwartet, haben bei uns bessere Chancen auf einen Ausbildungsplatz."

8 | Arbeitsplätze erkunden

Informationen über den Praktikumsplatz recherchieren

Ein Praktikum besteht aus drei Phasen:

1. Vorbereitung:	2. Durchführung:	3. Auswertung:

Hier sammelst du Informationen über den Beruf und den Betrieb, in dem du dein Praktikum machen wirst.	In dieser Phase wirst du den Praktikumsbetrieb erkunden, im Betrieb mitarbeiten und deine Erlebnisse aufzeichnen.	Am Schluss bewertest du die Erfahrungen, die du im Praktikum gemacht hast, und präsentierst die Ergebnisse.

Zwei Wege in den Beruf

In Deutschland gibt es mehr als 300 verschiedene Ausbildungsberufe und jedes Jahr kommen neue hinzu. Die Ausbildung dauert zwischen 2 und 3,5 Jahren. Viele Ausbildungsberufe erlernst du über die **duale Ausbildung**. Sie ist zweigeteilt (= dual): Der praktische Teil der Ausbildung findet in einem Betrieb statt, daneben besuchst du regelmäßig die Berufsschule. Dort erwirbst du das notwendige theoretische Fachwissen.

Einige Berufe kannst du auch ohne duale Ausbildung erlernen. Die Ausbildung findet dann meistens in einer Berufsfachschule (BFS) statt. Da der gesamte Unterricht an einer Schule abläuft, nennt man diese Ausbildung **vollzeitschulische Ausbildung**. In den meisten Ausbildungsgängen musst du aber mindestens ein Berufspraktikum machen, damit du weißt, wie die Praxis aussieht. Im Gegensatz zur dualen Ausbildung bekommst du während dieser Ausbildung meist keine Ausbildungsvergütung (Lehrlingsgehalt).

1 👥 Erklärt euch gegenseitig mit eigenen Worten den Unterschied zwischen dualer und vollzeitschulischer Ausbildung.

Online-Link
103610-0092

2 In welchem Beruf machst du ein Praktikum? Fülle die Portfolioseite „Mein Berufs-Steckbrief" aus.

3 Recherchiere mit Hilfe der Portfolioseite „Mein Betriebs-Steckbrief" Informationen über deinen Praktikumsbetrieb.

> 💡 Informationen über die verschiedenen Berufe findest du im Internet bei „Planet Beruf" oder in der Broschüre „Beruf aktuell" (siehe Online-Link). Wenn du Informationen im Internet recherchierst, speichere sie im Ordner „Berufe" ab.

> 💡 Wenn du nicht alle Antworten auf die Fragen vor deinem Praktikum herausfindest, kannst du sie auch während des Praktikums erfragen. Am Ende des Praktikums sollten aber alle Informationen vorliegen.

Mein Berufs-Steckbrief

Mein Praktikumsberuf heißt: _____

Die Ausbildung für diesen Beruf ist   ○ dual   ○ vollzeitschulisch

Dauer der Ausbildung: _____

Welche **Tätigkeiten** sind typisch für den Beruf?

_____

_____

_____

_____

Welche **Arbeitsorte** sind typisch für den Beruf?

_____

_____

_____

_____

Welche **Fähigkeiten** benötige ich für den Beruf?

_____

_____

_____

_____

In welchen **Schulfächern** sollte ich gut sein?

_____

_____

Welchen **Schulabschluss** brauche ich?

_____

_____

Wie hoch ist die **Ausbildungsvergütung**?

1. Ausbildungsjahr: _____ €   3. Ausbildungsjahr: _____ €

2. Ausbildungsjahr: _____ €   4. Ausbildungsjahr: _____ €

Mein Betriebs-Steckbrief

Praktikumszeitraum von _____ bis _____

Ich muss am _____ um _____ Uhr zum ersten Mal im Betrieb sein.

Betreuende/r Lehrer/in in der Schule: _____ Telefonnummer:

_____   _____

Mein Praktikumsbetrieb heißt: _____

Adresse: _____

Telefonnummer: _____

Praktikumsbetreuer/in im Betrieb: _____

1. Was wird in dem Betrieb hergestellt? Welche Dienstleistungen werden angeboten?

_____

_____

_____

2. Wer sind die Kunden des Betriebs?

_____

_____

3. Notiere fünf Dinge, die du von deinem Praktikum erwartest. Überlege danach fünf Dinge, die der Betrieb wahrscheinlich von dir erwarten wird.

In meinem Praktikum möchte ich …
1.
2.
3.
4.
5.

Der Praktikumsbetrieb möchte, dass ich…
1.
2.
3.
4.
5.

Arbeitsplätze erkunden | 8

Sicherheit am Arbeitsplatz

An vielen Arbeitsplätzen müssen spezielle Sicherheitsregeln eingehalten werden. Eine besondere Rolle dabei spielen die Sicherheitszeichen. Sie sind leicht zu erkennen und in den meisten Ländern gleich. Je nach Bedeutung haben sie eine bestimmte Farbe.

Verbotszeichen (rot)	Gebotszeichen (blau)	Warnzeichen (gelb)
sprechen ein deutliches Verbot für etwas aus, das du auf keinen Fall tun darfst.	weisen dich auf besondere Schutzmaßnahmen für deine Gesundheit hin.	geben Hinweise auf Gefahrenzonen und warnen vor bestimmten Gefahren.
Rettungszeichen (grün)	**Erste-Hilfe-Zeichen (grün)**	**Brandschutzzeichen (rot)**
sollen dir bei einem Unfall helfen, einen Fluchtweg zu finden.	führen dich zum Erste-Hilfe-Schrank oder zu anderen Einrichtungen für die Erstversorgung.	führen dich zu Brandschutzeinrichtungen.

1 Ordne die Bedeutungen den entsprechenden Zeichen zu, indem du sie mit Linien verbindest. Überlege, um welche Art von Zeichen (Verbotszeichen, Gebotszeichen …) es sich jeweils handelt.

Schutzhandschuhe tragen

Zutritt für Unbefugte verboten

Sammelstelle

Feuerlöscher

Rettungsweg

Rauchen verboten

Erste-Hilfe-Zeichen

Gehörschutz tragen

Warnung vor elektrischer Spannung

Warnung vor feuergefährlichen Stoffen

Mittel und Geräte zur Brandbekämpfung

Allgemeines Verbotszeichen

2 Welche Rettungszeichen gibt es an deiner Schule?

Auf Verpackungen können Warnzeichen statt durch ein gelbes Dreieck durch eine Raute mit rotem Rand dargestellt werden.

95

8 | Arbeitsplätze erkunden

Verhalten im Praktikum

1
a) Beschreibe die dargestellte Situation im gelben Kasten. Was läuft hier falsch?
b) Formuliere im grünen Kasten Regeln für richtiges Verhalten im Betrieb.
c) Vergleicht eure Lösungen und ergänzt eure Aufzeichnungen.

2 Überlege dir, wie du dich in den folgenden Situationen verhalten würdest.
a) Vervollständige die Sätze.

Wenn ich verschlafen habe, _____

Wenn ich krank bin, _____

Wenn die Arbeit zu schwer ist, _____

Wenn ich den Arbeitsauftrag nicht verstanden habe, _____

Wenn ich keine Lust auf die Aufgabe habe, _____

b) Besprecht eure Lösungen.
c) Gestaltet ein Plakat mit Verhaltensregeln im Praktikum.

Arbeitsplätze erkunden | 8

Tagesberichte schreiben

Damit du auch später noch weißt, was du im Praktikum alles geleistet hast, ist es wichtig, deine Erlebnisse aufzuschreiben. Sabrina hat während ihres Praktikums bei einem Malerbetrieb genau aufgezeichnet, was sie getan hat.

Hinweis: Informationen über den Tagesablauf einer Malerin/Lackiererin findest du über den Online-Link!

Online-Link
103610-0097

Mein Tagesbericht

von: _Sabrina Meier_   Datum: _Dienstag, den 30. Juni_

Praktikumsplatz als: _Malerin/Lackiererin_

Praktikumsbetrieb: _Malerfachbetrieb Pinselstrich_

Zeit	Ort	Tätigkeiten (Was?)	Arbeitsmittel (Womit?)	Arbeitsablauf (Wie?)
07:15 – 07:30	Besprechungsraum	Teambesprechung	Papier, Stift	
07:30 – 09:30	Werkstatt	Tür grundieren	Tür, Schleifmaschine, Spachtel und Spachtelmasse, Pinsel und Grundierung	1. Tür mit der Schleifmaschine abschleifen 2. Risse und Dellen mit der Spachtelmasse füllen 3. Grundierung mit einem Pinsel auftragen
09:30 – 10:00	Pausenraum	Frühstückspause		
10:00 – 11:00	Werkstatt	Tür lackieren	Tür, sauberes Tuch, Farbrolle, Lack	1. Flächen noch einmal abschleifen 2. Lack mit der Farbrolle gleichmäßig auf die Flächen verteilen

8 | Arbeitsplätze erkunden

1 Dennis hat seinen Tagesbericht ausformuliert.

a) Schreibe seinen Tagesablauf in Tabellenform auf.

> Es hilft, wenn du im Text zunächst die Uhrzeiten und Tätigkeiten unterstreichst.

Mein Tagesbericht

Ich heiße Dennis Hansmann und mache ein Praktikum als Fachangestellter für Bäderbetriebe im Stadtbad Neustadt. Am Dienstag, dem 30. Juni, begann mein Arbeitstag erst um 10:00 Uhr. Zuerst kontrollierte ich gemeinsam mit dem Schwimmmeister Herrn Bauer in den Umkleiden alle Schränke. Ein Schloss war kaputt. Ich notierte die Nummer des kaputten Schranks auf einem Zettel für den Hausmeister. Um 11.00 Uhr ging ich in die Schwimmhalle. Dort führte ich gemeinsam mit dem Schwimmmeister die Aufsicht. Eine Gruppe von Kindern wollte das Schwimmabzeichen ablegen. Zuerst schrieb ich die Namen der Kinder und das Geburtsjahr auf. Dann begannen die Kinder mit dem Zeitschwimmen. Ich stoppte die Zeit. Danach warf ich für jedes der Kinder einen Ring ins Wasser, den sie heraufholten. Das alles dauerte bis 13:30 Uhr. Danach hatte ich eine halbe Stunde Pause. Nach der Pause führte ich weiter Aufsicht. Mein Arbeitstag endete um 18:30 Uhr.

Mein Tagesbericht

von: _____ Datum: _____

Praktikumsplatz als: _____

Praktikumsbetrieb: _____

Zeit	Ort	Tätigkeiten (Was?)	Arbeitsmittel (Womit?)	Arbeitsablauf (Wie?)
10:00 – 11:00	Umkleideräume	Schränke kontrollieren		

b) 👥 Vergleicht eure Ergebnisse.

c) 🧑‍🏫 Eine Gruppe stellt ihren Tagesbericht der Klasse vor. Gibt es noch andere Möglichkeiten, die Tabelle auszufüllen?

Arbeitsplätze erkunden | 8

Wochenberichte schreiben

Das Berichtsheft – wichtig für deine Ausbildung

Wenn du später eine Ausbildung machst, hast du Rechte und Pflichten. Die wichtigste Pflicht während der Ausbildung ist es, zu lernen. Denn du musst dich bemühen, die Kenntnisse und Fähigkeiten zu erwerben, die für den Beruf typisch sind. Umgekehrt ist der Ausbildungsbetrieb verpflichtet, dir alle diese Dinge beizubringen.
Um den Überblick über das Gelernte zu behalten, wirst du in deiner Ausbildung ein Berichtsheft führen. Darin schreibst du auf, was du an den einzelnen Tagen in der Berufsschule und im Betrieb gelernt und getan hast. Das Berichtsheft muss von dir und deinem Ausbildungsleiter unterschrieben werden. Ohne ein regelmäßig ausgefülltes Berichtsheft kannst du die Ausbildung nicht abschließen. Wichtig ist es, im Berichtsheft genaue Beschreibungen anzufertigen, z.B. über die Werkstoffe, eingesetzte Maschinen oder Hilfsmittel. Du schreibst also

nicht:	einräumen
sondern:	Waren aus dem Lager holen, in die Regale einsortieren, Preise auszeichnen

1 Lies den Text und vervollständige die Sätze:

a) Die wichtigste Pflicht der Auszubildenden ist _____.

b) Die Pflicht des Ausbildungsbetriebs ist _____.

c) Ein Berichtsheft wird geführt, um _____
_____.

d) Eine Ausbildung kann nur abgeschlossen werden, wenn _____
_____.

e) Im Berichtsheft stehen genaue _____.

Während deines Praktikums sollst du schon einmal üben, wie man ein Berichtsheft schreibt. Für jeden Tag der Woche notierst du, welche Arbeiten ausgeführt wurden.

2 Alexandra macht ein Praktikum in einem Friseursalon. Am Montag schreibt sie in ihr Berichtsheft nur „aufräumen". Hilf ihr bei der genaueren Beschreibung der ausgeführten Arbeiten.

Tag	Ausgeführte Arbeiten
Montag, den *1. Juni*	

8 | Arbeitsplätze erkunden

Berufstypische Arbeitsvorgänge beschreiben

In jedem Beruf gibt es typische Arbeiten, die immer wieder verrichtet werden müssen. Fahrradmechaniker ziehen Reifen auf die Felgen und flicken Schläuche, Bäcker mischen Teige und Arzthelfer legen Gipsverbände an.

Berufstypischer Arbeitsvorgang:
Eine Gipsschiene anlegen

Materialien:
- *Gipsschiene (groß oder klein, je nach Verletzung)*
- *etwas Wasser*
- *Verband*
- *Papiertücher*

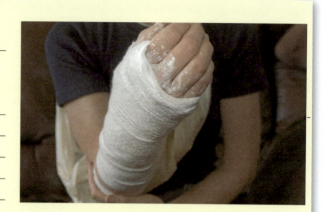

Arbeitsschritte:
Zuerst muss man die für den Patienten passende Gipsschiene heraussuchen und sie anschließend auspacken. Danach wird die Schiene kurz in ein Wasserbecken gelegt, um sie anzufeuchten. Mit Papiertüchern wird die Gipsschiene dann getrocknet, etwas Nässe muss aber in der Schiene bleiben, damit man sie biegen kann.

1 Schreibe den Text zu Ende. Die folgenden Stichpunkte helfen dir:
- Schiene unter Verletzung legen
- wenn Schiene zu lang → kürzen
- Verband wickeln
- Verband andrücken
- Patient anweisen: nicht bewegen, bis trocken!

> Diese Wörter können dir bei der Beschreibung eines Ablaufs helfen: zuerst, am Anfang, dann, danach, anschließend, als nächstes, daraufhin, im Anschluss an, später, zum Schluss, als letztes, schließlich

100

Arbeitsplätze erkunden | 8

Das Praktikum durchführen und auswerten

Jetzt ist es endlich soweit: dein Praktikum beginnt. Du wirst viel über den Betrieb und den Beruf lernen, in dem du dein Praktikum machst. Die folgenden Portfolioseiten werden dir helfen, Beruf und Betrieb zu erkunden und deine Erlebnisse festzuhalten. Sie sind außerdem wichtig für die spätere Erstellung deiner Praktikumsmappe.

1 Erkunde während deines Praktikums mit Hilfe der Portfolioseite „Mein Erkundungsbogen" deinen Betrieb. Versuche, so viele Informationen wie möglich zu beschaffen. Einige findest du sicherlich selbstständig heraus, für andere musst du nachfragen.

> Wenn möglich, sammele während des Praktikums weiteres Informationsmaterial über den Betrieb. Dies können Flyer, Kataloge oder auch Informationsbroschüren sein. Wenn du Fotos machen möchtest, frage um Erlaubnis. Du kannst die Materialien später für die Gestaltung deiner Praktikumsmappe benutzen.

2 Schreibe während des gesamten Praktikums Wochenberichte. Wenn dein Praktikum länger als zwei Wochen dauert, kannst du dir weitere Vorlagen herunterladen und ausdrucken. Lasse die Berichte von deiner Betreuerin oder deinem Betreuer im Betrieb unterschreiben.

3 Fülle an einem Tag deines Praktikums die Portfolioseite „Mein Tagesbericht" aus. Wenn du noch einen zweiten Tagesbericht schreiben möchtest, kannst du dir über den Online-Link eine weitere Vorlage herunterladen.

Online-Link
103610-0101

4 Beschreibe mit Hilfe der Portfolioseite „Berufstypischer Arbeitsvorgang" eine Arbeit, die für deinen Praktikumsberuf typisch ist. Auch hier findest du weitere Vorlagen über den Online-Link, wenn du mehrere Vorgänge beschreiben willst.

5 Wenn du dein Praktikum abgeschlossen hast, bearbeite die Portfolioseite „Meine Praktikumsauswertung". Sie hilft dir, das Erlebte noch einmal zu betrachten und zu bewerten.

> Mache dir während des Tages Notizen über die Arbeiten, die du erledigt hast. Dann kannst du die Wochenberichte oder den Tagesbericht einfacher ausfüllen.

101

8 | Arbeitsplätze erkunden

Nach Abschluss deines Praktikums erstellst du einen Praktikumsbericht. Aber keine Panik, viele Unterlagen für den Bericht hast du bereits. Für die restlichen Fragen hilft dir die letzte Portfolioseite „Meine Praktikumsauswertung". In deinem Praktikumsbericht kannst du auch Fotos und Materialien verwenden, die du während des Praktikums gesammelt hast.

Checkliste für die Erstellung des Praktikumsberichts:

1.	Lege eine **Mappe** an.
2.	Gestalte ein **Deckblatt**. Es muss enthalten: • deinen Namen und deine Anschrift • den Namen und die Anschrift deiner Schule • den Namen und die Anschrift des Praktikumsbetriebs • den Namen des Berufs, in dem du dein Praktikum gemacht hast • den Zeitraum des Praktikums • den Namen der Betreuerin oder des Betreuers im Betrieb und in der Schule
3.	Die **Einleitung** muss enthalten: • Informationen darüber, wie du zum Praktikumsplatz gekommen bist (Diese Unterlagen hast du bei der Arbeit mit Modul 7 erstellt.) • eine Kurzvorstellung des Praktikumsbetriebs • Informationen über den Beruf, den du kennengelernt hast Hinweis: Hier helfen dir die Informationen auf den Portfolioseiten „Mein Berufs-Steckbrief", „Mein Betriebs-Steckbrief" und „Mein Erkundungsbogen".
4.	Der **Hauptteil** enthält Informationen darüber, warum du den Praktikumsberuf ausgewählt hast und was du während deines Praktikums getan hast: • die Tagesberichte • die Wochenberichte • die Beschreibungen der berufstypischen Tätigkeiten
5.	Der **Schlussteil** muss enthalten: • eine Beurteilung, ob dir das Praktikum bei der Berufswahl geholfen hat • eine Bewertung des Praktikums (Umstellung von der Schule auf den Betrieb, eingesetzte Fähigkeiten, haben sich deine Erwartungen erfüllt? usw.) • deine Praktikumsbescheinigung (falls du eine bekommst) Hinweis: Hier helfen dir die Informationen auf der Portfolioseite „Meine Praktikums-Auswertung".
6.	Erstelle ein **Inhaltsverzeichnis**.

6 Bereitet euch vor, die Ergebnisse in der Klasse zu präsentieren.

7 Hefte deine Portfolioseiten ab und bearbeite die Selbsteinschätzung auf Seite 12.

Mein Erkundungsbogen

Name des Betriebs: _____

Praktikumszeitraum: _____

Anzahl der Mitarbeiter: _____

Anzahl der Auszubildenden: _____

In diesen Berufen wird ausgebildet: _____

_____

_____

Firmenlogo

Meine Abteilung heißt: _____

Diese Berufe gibt es in meiner Abteilung:

_____

_____

Diese Abteilungen gibt es außerdem:

_____

_____

Diese Sicherheitszeichen gibt es in meinem Praktikumsbetrieb (Zeichne vier hier ein. Wenn es mehr gibt, schreibe ihre Bedeutung auf.):

Weitere: _____

_____

Wegbeschreibung zu meinem Praktikumsbetrieb:

_____

_____

_____

_____

So sieht mein Arbeitsplatz aus:

Beschreibung: Zeichnung/Foto:

_____

_____

_____

_____

_____

_____

_____

Diese Arbeitsmittel (Werkzeuge, Maschinen, Geräte…) setze ich ein:

_____

_____

_____

_____

Diese Materialien verarbeite ich:

_____

_____

_____

_____

Wie sind die Arbeitsbedingungen?

Der Arbeitsplatz ist …	○ drinnen	○ draußen	
Licht:	○ Tageslicht ○ dunkel	○ künstliches Licht ○ angenehm	○ sehr hell
Temperatur:	○ kalt	○ angenehm	○ heiß
Feuchtigkeit:	○ trocken	○ feucht	○ nass
Geruch:	○ riecht unangenehm	○ kein Geruch	○ riecht gut
Lautstärke:	○ laut	○ leise	
Sauberkeit:	○ sauber	○ schmutzig	

Mein Wochenbericht

Wochenbericht für die Woche von _____ bis _____

Name des/der Praktikanten/in _____

Praktikumsplatz als: _____

Praktikumsbetrieb: _____

Tag	Ausgeführte Arbeiten
Montag, den _____	
Dienstag, den _____	
Mittwoch, den _____	
Donnerstag, den _____	
Freitag, den _____	

Besondere Bemerkungen	
Praktikant/in	Praktikumsbetreuer/in

Für die Richtigkeit

_____	_____	_____	_____
Datum	Unterschrift Praktikant/in	Datum	Unterschrift Betreuer/in

Mein Wochenbericht

Wochenbericht für die Woche von _____ bis _____

Name des/der Praktikanten/in _____

Praktikumsplatz als: _____

Praktikumsbetrieb: _____

Tag	Ausgeführte Arbeiten
Montag, den _____	
Dienstag, den _____	
Mittwoch, den _____	
Donnerstag, den _____	
Freitag, den _____	

Besondere Bemerkungen	
Praktikant/in	Praktikumsbetreuer/in

Für die Richtigkeit

_____ _____   _____ _____
Datum   Unterschrift Praktikant/in   Datum   Unterschrift Betreuer/in

Mein Tagesbericht

von: _____   Datum: _____

Praktikumsplatz als: _____

Praktikumsbetrieb: _____

Zeit	Ort	Tätigkeiten (Was?)	Arbeitsmittel (Womit?)	Arbeitsablauf (Wie?)

Berufstypischer Arbeitsvorgang:

_____

Materialien:

_____

_____

_____

_____

_____

Arbeitsschritte:

_____

_____

_____

_____

_____

_____

_____

_____

_____

_____

_____

_____

_____

_____

_____

Meine Praktikums-Auswertung

1. Wie hat dir das Praktikum insgesamt gefallen?
○ sehr gut   ○ gut   ○ weniger gut   ○ gar nicht

Das fand ich besonders gut:

_____

_____

_____

Das war nicht so gut:

_____

_____

_____

2. Fiel dir die Umstellung von der Schule auf den Betrieb schwer?
○ ja   ○ nein   Wenn ja, woran lag das?

_____

_____

3. Entsprach das Praktikum deinen Erwartungen?

Diese Erwartungen hatte ich an das Praktikum (siehe Portfolioseite „Mein Betriebssteckbrief"):	Hat sich diese Erwartung erfüllt? Begründe deine Antwort.
1.	
2.	
3.	
4.	
5.	

4. Welche Fähigkeiten haben dir besonders geholfen und wobei?

diese Fähigkeiten ...	... waren bei diesen Tätigkeiten besonders wichtig:

5. Würdest du deinen Praktikumsberuf nach deinen Erfahrungen in die engere Wahl für eine Ausbildung ziehen?

○ ja   ○ nein

Begründung:_____

_____

_____

6. Hast du bei deinem Praktikum bemerkt, dass in deinem Schulwissen noch Lücken bestehen, die du unbedingt füllen musst?

○ ja   ○ nein

Wenn ja, welche?_____

_____

_____

7. Was würdest du im nächsten Praktikum verbessern oder anders machen?

_____

_____

_____

8. Bewerte deinen Praktikumsbetrieb. Markiere deine Einschätzung mit einem Kreuz.

Ich kann den Betrieb nicht empfehlen.   Diesen Betrieb kann ich uneingeschränkt empfehlen!

Begründung: _____

_____

9 | Veränderungen erkennen

Ich werde …

✗ Handwerks- und Industriebetriebe unterscheiden
✗ Aufgaben der Industrie- und Handelskammern sowie der Handwerkskammern nennen
✗ eine Expertin oder einen Experten befragen

1 Um was für einen Betrieb handelt es sich?
2 Welche Gemeinsamkeiten erkennst du?
3 Welche Unterschiede gibt es?

„In einer Bäckerei werden nicht nur Bäcker ausgebildet!"

111

9 | Veränderungen erkennen

Zwei Bäckereien – läuft hier alles gleich?

**Die Bäckerei Müller –
ein traditioneller Handwerksbetrieb**

Die Bäckerei Müller gibt es schon mehr als 100 Jahre. Sie wurde immer wieder an ein Kind der Familie vererbt. Vor 30 Jahren übernahm Holger Müller den Betrieb. Holger ist Bäckermeister.
Seine Ehefrau Lisa, eine ausgebildete Bürokauffrau, arbeitet im Büro. Sie kümmert sich um die Bestellungen und macht die Buchhaltung. In der Backstube arbeiten Holger Müller und zwei Auszubildende: Simone und Tarek. Für die Arbeit im Laden haben Holger und Lisa eine Fachverkäuferin und eine Aushilfe angestellt: Frau Schneider und Frau Stein. Natürlich helfen sich alle gegenseitig, wenn irgendwo jemand fehlt.

1

a) Alle Mitarbeiter der Bäckerei Müller sind in einem der Bereiche „Beschaffung", „Produktion" oder „Absatz" tätig. Markiere die Namen der sechs Angestellten im Text und ordne sie in das Organigramm ein.

Geschäftsleitung
Holger Müller

Beschaffung	Produktion	Absatz
Mitarbeiter _____ _____	Mitarbeiter _____ _____	Mitarbeiter _____ _____

b) 👥 In der Bäckerei Müller gibt es viel zu tun. Einige Tätigkeiten sind hier aufgeführt. Überlegt gemeinsam, welchen Bereichen ihr die Tätigkeiten zuordnen könnt. Unterstreicht Tätigkeiten der Geschäftsleitung **grau**, der Beschaffung **rot**, der Produktion **grün**, des Absatzes **blau**.

> abwiegen, Briefe schreiben, telefonieren, bestellen, fegen, abrechnen, Kaffee kochen, abwaschen, Preise festsetzen, verzieren, Schaufenster gestalten, dekorieren

c) 👥 Sucht mindestens 10 weitere Tätigkeiten, die in einer Bäckerei gemacht werden müssen. Markiert sie wie in Aufgabe 1b).

_____
_____
_____

Veränderungen erkennen | 9

Die Bäckerei Müller ist ein typischer Handwerksbetrieb. Bäcker gab es schon im Mittelalter. Damals waren sie in der Bäckerszunft organisiert. Heute sind Bäckerbetriebe wie alle anderen Handwerksbetriebe Mitglied in der Handwerkskammer.

Die Handwerkskammer

In Deutschland gibt es insgesamt 53 Handwerkskammern. Jede ist für eine bestimmte Region zuständig. Sie führt die Handwerksrolle, ein Verzeichnis, in dem alle Handwerksbetriebe der Region aufgelistet sind. Die Handwerkskammern sind wichtige Partner für die Betriebe. Sie beraten die Betriebe in technischen, wirtschaftlichen und rechtlichen Angelegenheiten. Außerdem sind sie für die berufliche Aus- und Weiterbildung verantwortlich.

Welche Berufe zum Handwerk gehören, ist in der Handwerksordnung festgelegt. In diesem Gesetz ist beschrieben, wie ein Handwerksbetrieb geführt wird und was bei der Berufsbildung beachtet werden muss. Für jeden Beruf gibt es eine eigene Ausbildungsordnung, in der die Inhalte und Prüfungsanforderungen festgelegt sind.

1 Die Dachorganisation der Handwerkskammern ist der „Zentralverband des Deutschen Handwerks (ZDH)".

Ausbildung im Handwerk

Um einen Handwerksbetrieb führen zu dürfen, muss man in vielen Gewerben einen Meisterbrief haben. Mit der Meisterprüfung zeigen die Handwerkerinnen und Handwerker, dass sie ihren Beruf sehr gut beherrschen und deshalb einen Handwerksbetrieb selbständig leiten können.

Der Weg dahin führt zunächst über eine Ausbildung (Lehre) im Handwerk. Diese dauert normalerweise zwischen 3 und 3 ½ Jahre. In dieser Zeit ist man als Lehrling in einem Betrieb angestellt und geht regelmäßig in die Berufsschule. Die Ausbildung endet mit der erfolgreichen Gesellenprüfung an der Handwerkskammer. Der Lehrling bekommt einen Gesellenbrief. Danach kann man sich in der Meisterschule zu einem Vorbereitungskurs für die Meisterprüfung anmelden, die an der Handwerkskammer abgelegt wird. Viele Handwerkerinnen und Handwerker sammeln vor der Prüfung aber erst noch ein paar Jahre Berufserfahrung als Gesellen.

2 Lies dir den Text über die Handwerkskammer durch.
a) Vervollständige die Sätze:

Alle Handwerksbetriebe sind Mitglieder in der _____.

In der Handwerksrolle steht, _____.

Die Inhalte der Ausbildung sind in der _____ festgelegt.

b) Wie läuft die Ausbildung im Handwerk ab? Vervollständige das Schaubild, indem du die Begriffe in die Kästen einträgst.

> Berufserfahrung – Meisterprüfung – Gesellenprüfung – Meisterschule – Lehre

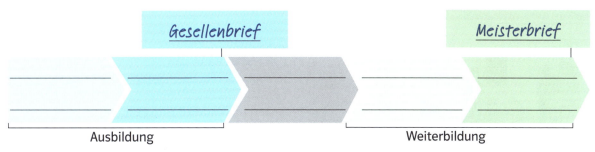

9 | Veränderungen erkennen

Handwerk und Industrie

Der Industriebetrieb „Traumback"

Auch die Firma „Traumback" hat einmal begonnen wie die Bäckerei Müller. Noch vor 50 Jahren bestand das Unternehmen von Markus Schobel nur aus 3 Mitarbeitern und einem kleinen Laden. Seitdem hat sich viel verändert. Die Produktion wurde vergrößert. Mittlerweile arbeiten bei „Traumback" mehr als 400 Angestellte in Beschaffung, Produktion und Absatz. „Traumback" hat 15 eigene Filialen, in denen die Backwaren verkauft werden. Hergestellt und vorgebacken werden die Teigrohlinge zentral in einer Produktionsanlage im Industriegebiet. Von dort aus werden sie mit Lastwagen in die Filialen transportiert und dort fertig gebacken.

Bei „Traumback" arbeiten Angestellte mit unterschiedlicher Ausbildung in Beschaffung, Produktion und Absatz. Einige werden dir hier vorgestellt:

① **Markus Schobel,** Funktion: Geschäftsführer, Ausbildung: Bäckermeister
② **Irene Jung,** Funktion: Sekretärin, Ausbildung: Wirtschaftsassistentin
③ **Selina Radcic**, Funktion: Computerfachkraft Ausbildung: IT-System-Elektronikerin
④ **Gesine Schramm**, Funktion: Personalsachbearbeiterin, Ausbildung: Industriekauffrau
⑤ **Erkan Özel,** Funktion: Einkäufer, Ausbildung: Groß- und Außenhandelskaufmann
⑥ **Volker Neumann,** Funktion: Buchhalter, Ausbildung: Kaufmann für Bürokommunikation
⑦ **Maja Monheim,** Funktion: Erzieherin in der Betriebs-Kita, Ausbildung: Erzieherin
⑧ **Nina Stoll,** Funktion: Werbefachkraft, Ausbildung: Mediengestalterin Digital und Print

① **Veit Müller** und ③ **Andre Ricci** Funktion: Produktionsmitarbeiter, Ausbildung: keine
② **Maik Gonda,** Funktion: Maschinen- und Anlagenführer, Ausbildung: Mechatroniker
④ **Marek Jurenka,** Funktion: Mitarbeiter Teigbereitung, Ausbildung: Bäcker
⑤ **Katharina Wolter,** Funktion: Lager- und Auslieferungskraft, Ausbildung: Fachkraft für Lagerlogistik
⑥ **Mounir Mebarak,** Funktion: Fahrer, Ausbildung: Berufskraftfahrer

① **Carsten Baumann,** Funktion: Verkäufer Ausbildung: Fachverkäufer Lebensmittelhandwerk
② **Tatjana Wankel,** Funktion: Filialleiterin, Ausbildung: Fachverkäuferin Lebensmittelhandwerk

Veränderungen erkennen | 9

1 Jede Funktion im Unternehmen hat ihre eigenen festgelegten Aufgaben.
Von wem könnten die folgenden Aussagen stammen? Schreibe die passende
Funktion unter die Sprechblasen.

Ich gebe Stellenanzeigen auf, führe Bewerbungsgespräche und entscheide mit, wer eine Stelle bekommt.

Bei uns landen alle Rechnungen. Wir überweisen die Beträge und buchen die Zahlungen in unserem Rechnungswesen.

Ich gestalte Flyer und Werbeplakate, buche Anzeigen in Zeitungen und führe Gespräche mit Kunden.

_____

Ich schreibe die Geschäftsbriefe, buche Geschäftsreisen und bearbeite den Posteingang und -ausgang.

Ich programmiere die Produktionsmaschinen und halte sie instand. Wenn eine Maschine kaputt ist, repariere ich sie.

_____

Ich bin verantwortlich für das Abwiegen der Zutaten, das Mischen der Teige und die Qualitätskontrolle.

Ich kümmere mich um die Kinder der Angestellten.

Ich überwache die Produktion und sortiere fehlerhafte Ware aus.

_____

Ich fahre die Ware zu den Filialen und helfe beim Einräumen.

Ich sorge dafür, dass die Computer und das Netzwerk im Unternehmen funktionieren.

Ich treffe die Entscheidungen bei „Traumback" und trage für alles die Verantwortung.

_____

Ich bin für den Einkauf von Zutaten oder Maschinen verantwortlich. Dafür hole ich Angebote ein, vergleiche sie und wähle das beste aus.

Ich taue oder backe die Backwaren auf, schreibe Preisschilder, kassiere und bediene die Kunden im Stehcafé. Ich zähle abends das Geld und bringe es zur Bank.

Im Lager muss darauf geachtet werden, dass immer genügend Rohstoffe wie Mehl, Hefe, Öl und Nüsse vorhanden sind. Fertige Backwaren gebe ich an die einzelnen Fahrer aus.

_____

9 | Veränderungen erkennen

Der Industriebetrieb Traumback

Traumback stellt Backwaren industriell her. Das bedeutet, die Backwaren werden nicht einzeln mit der Hand produziert, sondern in großen Mengen und durch den Einsatz von Produktionsmaschinen. Wie alle anderen Industrie-Unternehmen ist Traumback Mitglied der Industrie- und Handelskammer (IHK).

Die Industrie- und Handelskammer (IHK)

Insgesamt gibt es in Deutschland 80 Industrie- und Handelskammern, die für unterschiedlich große Regionen zuständig sind. Die IHK vertritt die Interessen der Unternehmen und macht sich auch in anderen Ländern für sie stark. Außerdem berät sie die Unternehmen und hilft bei Betriebsgründungen und wenn es Probleme gibt.

Bei der **Ausbildung** spielt die IHK eine entscheidende Rolle. Genau wie die Handwerkskammer ist sie verantwortlich für die Durchführung der Zwischen- und Abschlussprüfungen, die alle Auszubildenden in einem gewerblichen Beruf ablegen müssen. Auch sie bietet wie die Handwerkskammer die folgenden Hilfen an:

- Sie informiert über Ausbildungsberufe.
- Sie begleitet Schülerinnen und Schüler beim Übergang von der Schule in den Beruf und hilft, einen Ausbildungsbetrieb zu finden.
- Sie hilft, wenn es in der Ausbildung Streit zwischen den Auszubildenden und dem Betrieb gibt.
- Sie vermittelt Auslandsaufenthalte während der Ausbildung.

1 Die Dachorganisation der Industrie- und Handelskammern ist der „Deutsche Industrie- und Handelskammertag".

1 Lest den Text über die Industrie- und Handelskammer (IHK). Stellt euch gegenseitig zwei Fragen zum Text und korrigiert die Antworten, wenn nötig.

2 Mit der Bäckerei Müller und der Firma „Traumback" hast du einen Handwerks- und einen Industriebetrieb kennengelernt. Vergleiche die beiden Betriebe miteinander.

	Bäckerei Müller	**Traumback**
Anzahl der Mitarbeiter		
Anzahl der Berufe	○ < 10 ○ > 10	○ < 10 ○ > 10
Art der Produktion: mehr mit	○ der Hand ○ Maschinen	○ der Hand ○ Maschinen

3 Wenn du dich für einen Beruf in einem der beiden Betriebe entscheiden müsstest, welchen Beruf und welchen Betrieb würdest du wählen? Begründe deine Entscheidung.

Beruf: _____ ,

weil _____

Betrieb: _____ ,

weil _____

Veränderungen erkennen | 9

Experten befragen

Die Industrie- und Handelskammern und die Handwerkskammern sind wichtige Partner bei der Suche nach einer Ausbildung. Sie kennen die Betriebe in der Region und können dir Informationen über Ausbildungsmöglichkeiten geben. In jeder Region in Deutschland gibt es Geschäftsstellen der Kammern mit eigenen Kammervertretern. Diese haben Kontakt zu den Betrieben und kennen sich in der jeweiligen Region besonders gut aus. Wenn du mehr über Ausbildungsmöglichkeiten in deiner Region wissen möchtest, solltest du, die zuständigen **Ausbildungsberater** als Experten einladen. Ihnen kannst du Fragen über Ausbildungsmöglichkeiten in deiner Region stellen.

1 Teilt die Klasse in zwei Gruppen. Die eine Gruppe soll eine Expertin oder einen Experten der Industrie- und Handelskammer einladen. Die andere Gruppe befragt eine Expertin oder einen Experten der Handwerkskammer.

> Auch in den Berufsinformationszentren (BiZ) der „Bundesagentur für Arbeit" gibt es Ausbildungberater/innen, die den Ausbildungs-markt in deiner Region sehr gut kennen. Auch sie könnt ihr als Experten in die Klasse einla-den. In diesem Fall müsst ihr die Adresse des BiZ und den Namen der Beraterin/des Beraters herausfinden.
>
> Online-Link
> 103610-0117

a) Findet heraus, welche Kammer für eure Region zuständig ist. Dabei hilft euch der Online-Link. Notiert die Adresse auf dem linken Notizzettel.

b) Findet heraus, welche Ausbildungsberaterinen und -berater für euch zuständig sind und notiert die Informationen auf dem rechten Zettel. Ihr könnt

- auf der Internetseite der Kammer nachsehen
- in der Hauptgeschäftsstelle anrufen und nachfragen
- im Telefonbuch oder anderen Informationsquellen nachschlagen

---

Zuständige Kammer

✉ : _____
    Straße

PLZ   Ort
📱 : _____

💻 : www. _____

Zuständige/r Ausbildungsberater/in:

✉ : _____
    Straße

PLZ   Ort
📱 : _____

@ : _____

---

2 Stellt eine Liste von Fragen zusammen. Einige wichtige Fragen findet ihr bereits auf der Portfolioseite. Fügt im unteren Teil eigene Fragen hinzu, die ihr der Ausbildungsberaterin oder dem Ausbildungsberater stellen möchtet.

9 | Veränderungen erkennen

3 👥 Nun müsst ihr die Experten einladen.
a) Vereinbart mit der Expertin/dem Experten einen Termin, an dem die Befragung stattfinden soll. Sprecht euch dabei auch mit eurer Lehrerin/eurem Lehrer und der anderen Gruppe ab, damit die Termine sich nicht überschneiden. Die Absprache kann telefonisch, per Mail oder per Brief erfolgen.
b) Damit sich die Expertin oder der Experte auf das Gespräch vorbereiten kann, ist es sinnvoll, wenn ihr euren Fragebogen vorher mit der Post oder per E-Mail zuschickt.
c) Informiert eure Mitschülerinnen und Mitschüler über den Termin und den Fragebogen, den ihr erstellt habt.

> Die Befragung findet statt:
>
> am: _____
>
> von _____ Uhr bis _____ Uhr
>
> Ort: _____
>
> Notizen: _____
> _____
> _____

4 👥 Jetzt geht es an die Vorbereitung der Veranstaltung:
a) Überlegt euch eine passende Sitzordnung. Bereitet Namenskärtchen vor.

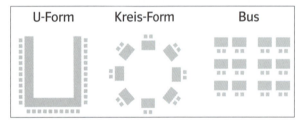

1 Sitzordnungen

2 Vermerkt auf dem Namenskärtchen eures Gastes auch, welcher Institution er angehört.

b) Teilt ein, wer welche Fragen stellt.
c) Überlegt, wie ihr die Ergebnisse festhaltet. Wer schreibt mit? Wollt ihr das Gespräch aufnehmen? Wollt ihr fotografieren?

> 💡 Fragt vorher bei der Expertin oder dem Experten nach, wenn ihr Aufnahmen machen wollt. Manchen ist es vielleicht nicht recht, wenn das Gespräch aufgezeichnet wird.

5 👥 Wenn es soweit ist, führt die Befragung durch:
- Einigt euch, wer die Expertin/den Experten abholt und in den Raum führt.
- Stellt die Expertin/den Experten kurz vor.
- Stellt eure Fragen und notiert die Antworten.
- Bedankt euch am Ende für das Gespräch.

6 👥 Ihr habt viele Informationen erhalten. Diese müsst ihr nun auswerten:
a) Vergleicht eure Aufzeichnungen. Ergänzt fehlende Informationen auf der Portfolioseite.
b) Gestaltet gemeinsam ein Plakat, aus dem die Informationen hervorgehen, die ihr erhalten habt.
c) 👤 Stellt eure Plakate in der Klasse aus.

7 Hefte die Portfolioseite ab und bearbeite die Selbsteinschätzung auf Seite 12.

Ausbildungsplätze in meiner Region

Name der Expertin/des Experten: _____

Zuständige Kammer/BiZ: _____

1. Welche Hilfen können Sie mir bei der Suche nach einem Ausbildungsplatz geben?

Antwort: _____

_____

_____

2. In welchen Ausbildungsberufen gibt es besonders viele freie Lehrstellen?

Antwort: _____

_____

_____

3. Welche Betriebe bilden in meiner Region aus?

Antwort: _____

_____

_____

4. Welche Anforderungen stellen die Betriebe an Auszubildende?

Antwort: _____

_____

_____

Das möchte ich persönlich wissen:

Frage: _____

_____

_____

Antwort: _____

_____

_____

_____

Frage: _____

_____

_____

Antwort: _____

_____

_____

_____

Frage: _____

_____

_____

Antwort: _____

_____

_____

_____

Frage: _____

_____

_____

Antwort: _____

_____

_____

_____

Frage: _____

_____

_____

Antwort: _____

_____

_____

10 | Zukunft planen

Ich werde ...

✗ Berufe mit verschiedenen Arbeitszeiten kennen
✗ Arbeitszeit und Freizeit vergleichen
✗ erkennen, was für meine Berufswahl wichtig ist
✗ Tagesabläufe gestalten

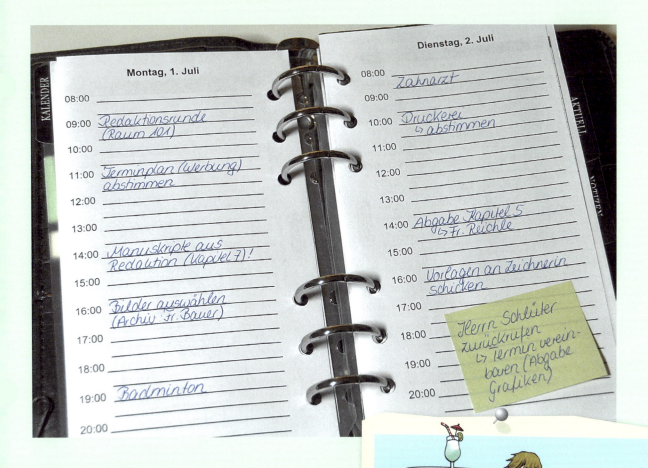

„Ich habe meinen Traum zum Beruf gemacht, auch wenn das bedeutet, dass ich meine Familie selten sehe."

1 Welchen Beruf könnte der Inhaber des Terminkalenders haben?

2 Ab wann beginnt die Freizeit?

10 | Zukunft planen

Arbeitszeit und Freizeit

1
a) Schreibe auf, was du gestern den Tag über getan hast.
b) Stelle dann fest, wie viel Arbeitszeit und wie viel Freizeit du zur Verfügung hattest, indem du deine Aktivitäten den Uhrzeiten in der Abbildung zuordnest. Markiere dazu die Arbeitszeit (Schulzeit) blau, die Freizeit grün und Unklares mit Gelb.

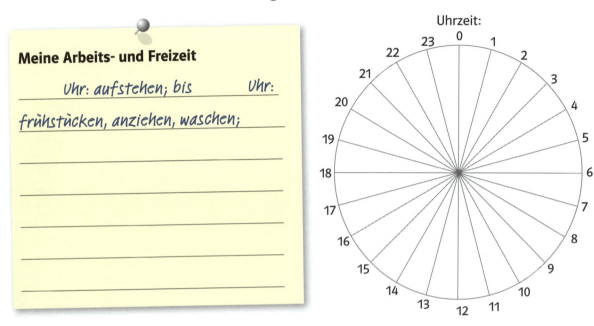

Meine Arbeits- und Freizeit
_____ Uhr: aufstehen; bis _____ Uhr: frühstücken, anziehen, waschen;

2 Lena arbeitet als Restaurantfachfrau.
a) Lies Lenas Bericht über ihren Arbeitstag und trage ihre Arbeits- und Freizeit in die Abbildung ein.
b) Vergleiche deine Arbeits- und Freizeit mit Lenas. Welche Unterschiede stellst du fest?
c) Welche Vor- und Nachteile hat deiner Meinung nach Lenas Arbeitstag?

Mein Arbeitstag als Restaurantfachfrau
„Ich habe einen tollen Beruf. Morgens kann ich bis 9:00 Uhr ausschlafen und dann gemütlich frühstücken. Gegen 11.00 bin ich im Restaurant. Ich freue mich auf die ersten Gäste, die mittags bei uns essen. Mittags muss manchmal alles sehr schnell gehen, weil die Mittagspause der Gäste so kurz ist. Dann ist es ganz schön stressig. Ab 15.00 habe ich frei und kann den Nachmittag genießen.
Abends beginne ich um 19.00. Oft ist es Mitternacht, bis ich nach Hause komme. Die Küche schließt zwar um 22:00 Uhr, aber bis die letzten Gäste gegangen und die Einnahmen abgerechnet sind, ist es Mitternacht. Gegen ein Uhr bin ich dann im Bett."

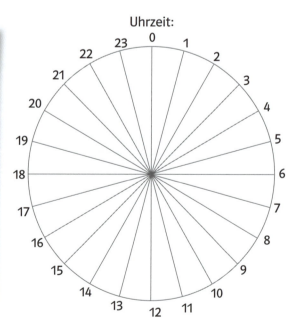

Zukunft planen | 10

3 Je nachdem in welchem Beruf du arbeitest, hast du ganz unterschiedliche Arbeitszeiten.

a) Für welche Berufe treffen die folgenden Aussagen zu? Verbinde mit Bleistift.

Landwirt/in

Hotelfachleute

Bäcker/in

Sekretär/in

Einzelhändler/in

> Wir fangen besonders früh an.

> Wir kommen erst sehr spät nach Hause.

> Wir arbeiten auch am Wochenende.

> Wir arbeiten mal am Tag und mal nachts.

b) Vergleicht eure Zuordnungen. Einigt euch auf eine Lösung und korrigiert wenn nötig. Was fällt euch auf?

c) Kämen Berufe mit diesen Arbeitszeiten für dich in Frage? Begründe deine Einschätzungen.

Arbeitszeitmodelle

Feste Arbeitszeiten haben Menschen, die jeden Tag zur gleichen Zeit mit der Arbeit beginnen und aufhören.

In vielen Berufen wechseln sich die Mitarbeiter an einem Arbeitsplatz ab. Dies nennt man Schichtarbeit. Besonders in großen produzierenden Unternehmen ist Schichtarbeit ganz normal. Dadurch, dass die Produktion den ganzen Tag über nie stillsteht, können die Betriebe mehr Produkte herstellen. Aber auch in Berufen, in denen den ganzen Tag über jemand anwesend sein muss – zum Beispiel in Krankenhäusern oder Hotels, ist Schichtarbeit üblich.

Viele Betriebe bieten den Beschäftigten flexible Arbeitszeiten (Gleitzeit) an. Die Beschäftigten bestimmen selbst, wann sie morgens beginnen und wann sie abends aufhören. In der Kernzeit – normalerweise von 9.00 bis 15.00 – müssen aber alle im Betrieb sein.

1 Elektronisches Zeiterfassungssystem

4

a) Erkläre die folgenden Begriffe mit eigenen Worten:

Feste Arbeitszeit: _____

_____

Schichtarbeit: _____

_____

Gleitzeit: _____

_____

> Manche Berufe können nicht das ganze Jahr über ausgeübt werden. Im Winter bei Schnee und Frost kann auf dem Bau nicht gearbeitet werden. Dafür ist die Arbeitszeit im Sommer umso länger. Die Überstunden, die dadurch entstehen, werden im Winter durch freie oder kürzere Arbeitstage ausgeglichen.

b) Beurteile die drei Arbeitsmodelle aus deiner eigenen Sicht. Was spricht dafür, was dagegen? Erstelle eine Tabelle.

10 | Zukunft planen

Warum Menschen gerne arbeiten

Über Arbeitszeiten nachzudenken ist wichtig. Die Arbeitszeit oder das Gehalt entscheiden aber nicht allein darüber, ob man in einem Beruf gerne arbeitet oder nicht. In einer Umfrage wurden Arbeitnehmer befragt, was ihnen an ihrer Arbeit besonders wichtig ist.

1 Markiere, worauf die Personen besonderen Wert legen.

Ich arbeite am liebsten im Büro. Dort habe ich feste Arbeitszeiten und arbeite mit netten Kollegen zusammen. Ich will genau wissen, was ich zu tun habe und wie viel ich verdiene. Da ich im Büro mit dem Kopf arbeite, freue ich mich, wenn ich als Ausgleich viel Zeit für mein Hobby – meinen Garten – habe.

Ich brauche flexible Arbeitszeiten, da ich selbständig und kreativ arbeiten will. Ich reise gern in andere Länder und finde es großartig, wenn ich viele verschiedene Menschen kennenlerne.

Ich helfe gern anderen Menschen und freue mich, wenn ich mit ihnen ihre Probleme lösen kann. In meinem Beruf will ich Verantwortung übernehmen und eine sinnvolle Tätigkeit ausüben. Meine Familie ist mir wichtig, deshalb will ich viel Zeit für sie haben, was aber leider nicht immer möglich ist.

Mir ist es wichtig, körperlich zu arbeiten. Ich stelle gern im Team etwas her oder repariere etwas. Ich bin stolz, wenn ich am Abend sehe, was ich gearbeitet habe.

2

a) Wenn du an deinen späteren Beruf denkst, was ist dir wichtiger? Kreuze an.
- ○ feste Arbeitszeiten   oder   ○ flexible Arbeitszeiten
- ○ selbstständig arbeiten   oder   ○ gesagt bekommen, was zu tun ist
- ○ mit Menschen arbeiten   oder   ○ alleine arbeiten
- ○ drinnen arbeiten   oder   ○ im Freien arbeiten
- ○ mit dem Kopf arbeiten   oder   ○ körperlich arbeiten

b) Vergleiche deine Auswahl mit einer Partnerin oder einem Partner. Gibt es Gemeinsamkeiten und Unterschiede? Erklärt euch gegenseitig, warum ihr die markierten Punkte für wichtig haltet.

Ein Tag – viele Aufgaben

1 In jedem Beruf gibt es über den Tag verteilt typische Aufgaben zu erledigen.
a) Welcher Tagesablauf passt zu welchem Beruf? Ordne jeder Tabelle die passende Berufsbezeichnung zu.

> Einzelhandelskauffrau/-kaufmann – Hotelfachfrau/-fachmann – Mechatroniker/in – Bürokauffrau/-kaufmann – Servicefahrer/in – Kosmetiker/in

Beruf: _____	
04.00 – 04.15 Uhr:	Arbeitskleidung anziehen
04.15 – 04.45 Uhr:	Tour besprechen
04.45 – 05.30 Uhr:	Ladung kontrollieren
06.00 – 10.00 Uhr:	Kunden beliefern
11.00 – 13.30 Uhr:	Kunden beliefern
13.30 – 14.00 Uhr:	Tour besprechen

Beruf: _____	
13:00 – 13:45 Uhr:	Waren mit Preisen auszeichnen
13:45 – 14:15 Uhr:	Waren bestellen
14:15 – 16:00 Uhr:	Lieferung annehmen
16:00 – 17:30 Uhr:	Regale auffüllen
18:00 – 20:00 Uhr:	kassieren
20:00 – 21:00 Uhr:	Abrechnung machen

Beruf: _____	
05:45 – 06:15 Uhr:	Beginn der Frühschicht
06:15 – 07:30 Uhr:	Sicherung austauschen
07:30 – 08:00 Uhr:	Materialien abholen
08:30 – 11:00 Uhr:	Fehler an einer Maschine suchen
11:00 – 12:00 Uhr:	Sensor erneuern
12:00 – 13:15 Uhr:	Übergabeprotokoll schreiben

Beruf: _____	
07:00 – 7:30 Uhr:	Aufenthaltsräume aufräumen
07:30 – 8:30 Uhr:	Frühstück servieren
08:30 – 10:00 Uhr:	Zimmer reinigen
10:30 – 12:00 Uhr:	in der Küche aushelfen
12:00 – 12:30 Uhr:	Essen servieren
12:30 – 14:00 Uhr:	an der Rezeption arbeiten

Beruf: _____	
07:30 – 08:30 Uhr:	E-Mails bearbeiten
08:30 – 10:00 Uhr:	Kundenanfragen beantworten
10:15 – 11:00 Uhr:	Posteingang bearbeiten
11:00 – 12:00 Uhr:	Tabelle mit Verkaufszahlen erstellen
12:45 – 13:45 Uhr:	Teamsitzung vorbereiten
13:45 – 16:00 Uhr:	Präsentation für Vortrag fertig stellen

Beruf: _____	
09:00 – 09:15 Uhr:	Kabine vorbereiten
09:15 – 10:30 Uhr:	beraten und Gesicht behandeln
10:30 – 12:00 Uhr:	Bäder vorbereiten und betreuen
13:00 – 14:20 Uhr:	schminken
14:20 – 15:00 Uhr:	massieren
15:00 – 17:00 Uhr:	Maniküre
17:00 – 18:00 Uhr:	abrechnen, nachbestellen

10 | Zukunft planen

2

Online-Link
103610-0126

a) Wähle einen Beruf aus, dessen Tagesablauf dich interessiert. Schaue mit Hilfe des Online-Links nach, ob du nähere Informationen über den Tagesablauf in diesem Beruf erhalten kannst. Wenn nicht, wähle eine Alternative.

> Um eine Alternative zu finden, suche einen Beruf im gleichen Berufsfeld oder mit ähnlichen Tätigkeiten.

Diesen Beruf werde ich untersuchen:

_____

b) Welche Aussage trifft auf diesen Beruf zu? Kreuze an.
- ○ Ich muss früh aufstehen.
- ○ Ich muss bis spät abends arbeiten.
- ○ Ich arbeite mal am Tag und mal nachts.
- ○ Ich muss am Wochenende arbeiten.

c) Warum würdest du gerne in diesem Beruf arbeiten? Nenne sechs Punkte, die dir besonders wichtig sind.

1. _____   2. _____
3. _____   4. _____
5. _____   6. _____

3

a) Wie könnte ein Tag in deinem Berufsleben aussehen? Was wirst du wann tun? Fülle den Terminplaner auf der Portfolioseite aus. Trage auf jeden Fall ein:
- wann du aufstehst
- wann du mit der Arbeit beginnst
- welche Tätigkeiten du ausübst
- wann du Pause machst
- wann deine Arbeit endet
- was du in deiner Freizeit machst

b) Stelle fest, wie viel Arbeitszeit und wie viel Freizeit du am Tag zur Verfügung hast. Ordne deine Aktivitäten den Uhrzeiten in der Abbildung auf der Rückseite der Portfolioseite zu. Markiere dazu die Arbeitszeit blau und die Freizeit grün.

4 Hefte die Portfolioseite ab und bearbeite die Selbsteinschätzung auf Seite 12.

Ein Tag in meinem späteren Beruf

Mein Beruf:	
00:00	
01:00	
02:00	
03:00	
04:00	
05:00	
06:00	
07:00	
08:00	
09:00	
10:00	
11:00	
12:00	
13:00	
14:00	
15:00	
16:00	
17:00	
18:00	
19:00	
20:00	
21:00	
22:00	
23:00	
00:00	

Arbeitszeit = blau
Freizeit = grün

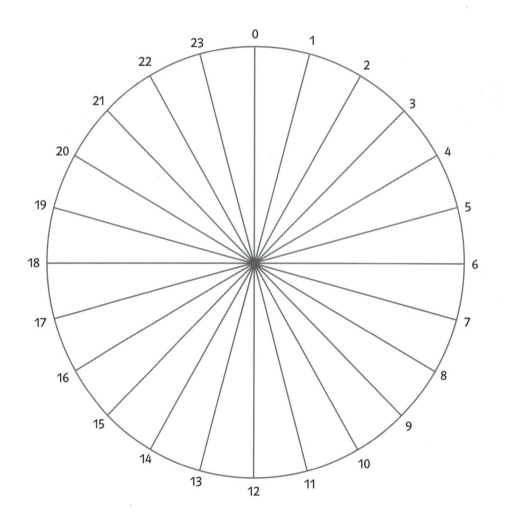